珍藏本·增订本
纪念版

汉译世界学术名著丛书

论斯宾诺莎的学说

致门德尔松先生的书信

〔德〕雅可比 著

刘伟冬 李红燕 译

商务印书馆
SINCE 1897
The Commercial Press

Friedrich Heinrich Jacobi

ÜBER DIE LEHRE DES SPINOZA IN BRIEFEN AN DEN HERRN MOSES MENDELSSOHN

根据Felix Meiner-Verlag, Hamburg, 2000年版译出

汉译世界学术名著丛书
（120年纪念版·珍藏本）
增订本出版说明

2017年10月，为纪念商务印书馆创立120周年，本馆推出“汉译世界学术名著丛书”（120年纪念版·珍藏本），计七百种。近五六年来，仰赖学界同人倾力支持，订正旧译，增补新译，拓展新著，积累日多。为满足读者需要，本馆在七百种的基础上，继续推出“汉译世界学术名著丛书”（120年纪念版·珍藏本·增订本）三百种。至此，“汉译世界学术名著丛书”累计出版已达千种。

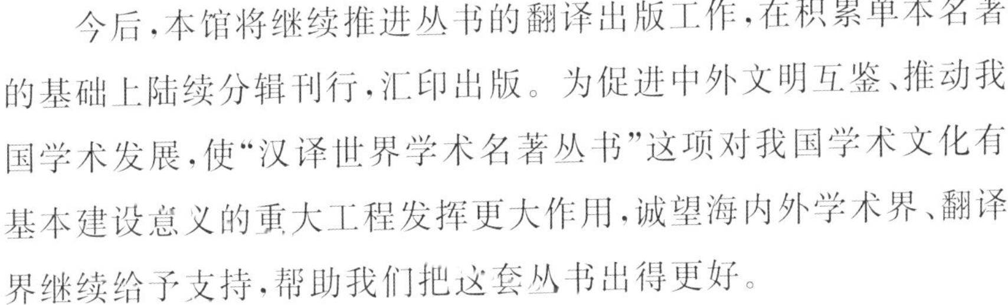

今后，本馆将继续推进丛书的翻译出版工作，在积累单本名著的基础上陆续分辑刊行，汇印出版。为促进中外文明互鉴、推动我国学术发展，使“汉译世界学术名著丛书”这项对我国学术文化有基本建设意义的重大工程发挥更大作用，诚望海内外学术界、翻译界继续给予支持，帮助我们把这套丛书出得更好。

商务印书馆编辑部

2024年2月

汉译世界学术名著丛书
（120年纪念版·珍藏本）
出 版 说 明

2017年2月11日，商务印书馆迎来120岁的生日。120年前，商务印书馆前贤怀揣文化救国的理想，抱持"昌明教育，开启民智"的使命，立足本土，放眼寰宇，以出版为津梁，沟通中西，为中国、为世界提供最富智慧的思想文化成果。无论世事白云苍狗，潮流左右激荡，甚至战火硝烟弥漫，始终践行学术报国之志，无改初心。

逐译世界各国学术名著，即其一端。早在20世纪初年便出版《原富》《天演论》等影响至今的代表性著作，1950年代后更致力于外国哲学和社会科学经典的译介，及至1980年代，辑为"汉译世界学术名著丛书"，汇涓为流，蔚为大观。丛书自1981年开始出版，历时三十余年，迄今已推出七百种，是我国现代出版史上规模最大、最为重要的学术翻译工程。

丛书所选之书，立场观点不囿于一派，学科领域不限于一门，皆为文明开启以来，各时代、各国家、各民族的思想与文化精粹，代表着人类已经到达过的精神境界。丛书系统译介世界学术经典，引领时代思想，为本土原创学术的发展提供丰富的文化滋养，为推动中国现代学术和现代化进程做出了突出的贡献。

为纪念商务印书馆成立120周年，我们整体推出“汉译世界学术名著丛书”120年纪念版的珍藏本，寄望既利于文化积累，又便于研读查考，同时向长期支持丛书出版的译者、编者和读者致以敬意。

两甲子后的今天，商务印书馆又站在了一个新的历史时间节点上。我们不仅要铭记先辈的身影和足迹，更须让我们的步伐充满新的时代精神。这是商务人代代相传的事业，更是与国家和民族的命运始终紧密相连的事业。我们责无旁贷，必须做好我们这代人的传承与创造，让我们的努力和成果不仅凝聚成民族文化的记忆，还能成为后来人可以接续的事业。唯此，才能不负前贤，无愧来者。

商务印书馆编辑部

2017年10月

目　　录

论斯宾诺莎的学说
——致门德尔松先生的书信（1785）

第二版扩展部分（1789）

附　　录

第三版扩展部分（1819）

论斯宾诺莎的学说
——致门德尔松先生的书信
（1785）

4 辩证学家的准则乃是那些必然得出某个结论的推理形式，只要我们的理性立足于该形式，就能够推出一个单纯基于该形式的结论，哪怕理性在某种程度上无意于清晰细致地得到某个特定的结果：……但是，正如我们注意到的，真理时常从这些陷阱中逃脱，而那些设置陷阱的人自己却困入其中。其他人则不会如此频繁地落入圈套，正如经验所揭示的，巧妙之极的诡辩很难蛊惑那些诉诸无所束缚的理性的人；相反，诡辩者自身却时常堕入迷途。

——笛卡尔

做一个高尚的人吧，
善良、庄重地伸以援手！
因为仅此一点
便将我们
与我们所知的一切生灵
加以区分

那么，赞颂未知的诸神吧，
我们感知到他们的存在！
人与其何等相似：
以他为鉴
我们学会了信仰诸神。

自然难以把捉；
太阳将光芒
洒向邪恶和正义，
人中翘楚
阶下之囚
都落满了星月的目光。

暴风，洪流，
雷雨，冰雹；
它们一路席卷，
铺天盖地
将魔爪
伸向芸芸众生。

6 还有，机遇，
在人群中暗自摸索，
时而触碰这个纯真的
卷发的少年，
时而抚摩那个罪恶的
秃顶的老翁。

所有人，我们所有人都必须，
遵从伟大的，
光荣的，永恒的法则
实现我们
生命的循环。

但是只有当人
追逐不可能之物：
区分，
选择和判断；

才能使那个时刻变得
恒久。

只有当他
赞赏正义
惩治歹人，
才能得到治愈与拯救；
才能凝聚
消散迷失的一切，
使其物有所用。

我们敬拜
永生的诸神
仿佛他们是
实现壮举之人，
我们当中
平凡生活的翘楚亦是如此
或将是如此。

哦，高尚的人啊， 7
愿你慷慨，愿你善良！
步履不停地，塑造
有用公正之物！
愿你为我们树立

神秘诸神的典范！

——歌德

序　言

此书的名称得之于它的际遇及它的大部分篇章，因为即便是写给海姆斯特乌斯的书信，也应该视作对我写给门德尔松的书信的补充。 9

我述说的这些书信的故事，自身便可证明我述说的真实。

上一封信之后我已经简要阐明了我创作的意图。我相信自那时起，直至落笔，我的意图已经表达得足够清楚。

此刻我对专注求知的读者已经道尽了所有，他们只关注真理。如若另一类读者翻开此书，那不是我的过错。但愿他对我无所苛求，正如我对他一样。

弗里德里希·海因里希·雅可比

1785年8月28日

于杜塞尔多夫附近的彭佩尔福特

……这关系到万物的王，因为他，万物才得以存在，这一事实才是一切美的原因。关系到第二层级，第二层级的事物才得以存在，关系到第三层级，第三层级的事物才得以存在。现在人类的思维，在不得不面对它们的时候，便会竭力获取关于它们性质的知识，专注于这些与它相关的事物；然而这些都不可能获得圆满。至于我提及的王和事物，就绝非此类。于是灵魂发问：“可它们是什么样子？”这个问题，狄奥尼修斯与多丽丝之子，——或者说这个问题试图侵入灵魂的努力——乃万祸之源，如果不将它从人心中驱逐，他将永远也无法真正寻觅到真理。

——《柏拉图致狄奥尼修斯书信二》

[正文][1]

1783年2月，莱辛的一个亲密友人（通过莱辛也成为了我的友人）写信告诉我她将前往柏林旅行，并且询问我在那里有没有什么要她做的。 11

我的女士朋友从柏林再次写信给我。她的信主要是关于门德尔松的，“我们莱辛的这位真正的仰慕者和朋友”。她告知我，她与门德尔松多次谈到了已逝之人（莱辛），也多次粗略地谈及我；门德尔松正策划着写一本论莱辛品格及其著作的书。

各种各样的羁绊令我无法立即回复，而我的女士朋友在柏林只不过逗留几周。 12

她又回到家中后，我写信给她，问门德尔松对莱辛的宗教倾向了解多少。——我认为，**莱辛是一个斯宾诺莎主义者**。

莱辛曾直截了当地向我阐明过他对这一问题的看法，并且因为他通常并不会掩饰自己的观点，我完全可以推测关于他我所了解到的也已经为其他人所知。但是通过以下途径，我意识到他从未向门德尔松阐明过自己对这一问题的看法。 13

我曾经邀请莱辛陪我一同去柏林，而他的答复是希望我们能在沃尔芬比特尔共同探讨问题。当我抵达的时候，却出现了一

① 原书无此标题，为中译者所加。——中译者注

些严重的障碍。莱辛试图说服我独自去柏林旅行，而且越来越坚
14 持。他改变主意的主要原因是门德尔松，门德尔松是莱辛最为珍重的一位朋友。他渴望我能与门德尔松建立私交。在一次讨论中我表达了我的诧异：一个像门德尔松这样拥有如此敏锐和恰当知性的人居然如此狂热地支持从（上帝的）理念推出上帝实存的证明，正如他在论自明性的文章中所做的那样；莱辛的借口让我产生了这样一个疑问：他是否曾将自己的体系告知过门德尔松。“绝对没有”，莱辛回答道，“……我只是向他大致提到了《论人类的教育》第73节值得你注意的地方。我们彼此之间没能达成共识，就随它去了。”

因此一方面可能是，有些人已经知悉了莱辛的斯宾诺莎主义；另一方面可以确定的是，门德尔松并未获得关于此的任何可靠的信息，这促使我给门德尔松做些提示。

15 我的女士朋友完全理解我的想法；似乎此事对她来说显得尤其重要，她立刻写信给门德尔松，提示那些我告知她的事情。

门德尔松很惊讶，他的第一反应是怀疑我表述的准确性。他希望确切地获知莱辛是如何表述那些我归因于他的信念（Gesinnungen）的。他是否直截了当地说过：“我认为斯宾诺莎的体系是正确的、有充分根据的”；而且他提到的是哪个体系？是《神学政治论》或《笛卡尔哲学原理》中阐明的体系呢？还是迈耶[①]在斯宾诺莎死后以其名义让人熟知的体系？而且如果
16 是人们普遍熟知的斯宾诺莎的无神论体系，那么，门德尔松还是想继续追问：莱辛是像培尔[②]那样误解了斯宾诺莎的体系，还是

① 迈耶（Ludovicus Meyer），斯宾诺莎哲学的早期阐释者。——中译者注

② 培尔（Bayle），17世纪法国启蒙思想家。——中译者注

像其他人那样更好地阐释了这一体系？他进一步补充道：若是莱辛抵达这样一种状态，即没有进一步的确定即直接赞同任何一个人的体系，那么当时他没有处在正确的思维中，或者处在一种特殊的情绪里，以至于会维护他在更严谨的时刻曾否决过的那种矛盾。

但是莱辛可能也曾经这样说过：“亲爱的朋友，这位备受指责的斯宾诺莎，也许在很多地方都要比那些以牺牲他为代价而成名的呼口号者看得更远。尤其是他的伦理学包含着许多绝妙的内容，比正统的道德学，或许比世俗智慧的汇编都要包含更为卓越的东西。他的体系不像人们以为的那样荒谬。”如果莱辛确曾这样说过，那么门德尔松是能够予以容忍的。

总之，他重申了自己的期望，请我务必详尽地告知他确切的细节：莱辛在这个问题上言说了什么，以何种方式、在何种场合。因为他确信我不仅已经完全理解莱辛，而且对这样一次重要会谈中的每一个情境都了然于胸。

一旦我做了此事，门德尔松自然会在他考虑书写莱辛品格
的文章中有所提及。“因为”，这位坚定的智者说，“我们的挚友 17
之名也应该在后世恰如其分地散发光辉。真理至上；依靠真理，
正必胜邪。”

我毫无顾虑地应承了邀约，于11月4日通过女士朋友把下
面这封信寄给了门德尔松。为保持其纪实性，我将原封不动地把
信打印下来。 18

1783年11月4日于杜塞尔多夫的彭佩尔福特 19

鉴于在寄往***的信中某些被我归为莱辛的观点，您希望从我这里获悉精确的表述；这样的话，我将我能言说的一切直接呈现给您，似乎最为妥帖。

以自我介绍作为开场，是因为这与即将着手的这个论题相关，至少与该论题的陈述相关。因为这样我就将略微拉近您与我的距离，这样我就将更有勇气向您畅所欲言，而且有可能会忘记那些反过来烦扰或威胁到我的事。

当我开始忧虑另一个世界的事情的时候，我还身着波兰长袍。八、九岁的时候，我稚嫩的忧思将我引向某种特别的“幻象”（对此我没有更好的称谓），这些幻象时至今日仍紧随着我。我渴望获得关于人类更高的期许的确定性，这种渴望随着年岁一起增长，并成为维系我一切命运的主线。我本源的内心形式以及所受教育联合起来使我对自己缺乏信心，而且长久以来，使我对
20 他人可能要提供的东西愈加期待。我去了日内瓦，在那里我发现了一些优秀的人，他们凭着宽容的爱以及对我真正的信任接纳了我。后来我偶遇了其他人，他们有的声誉相当，有的甚至更具名望，但是在我看来那些人一向名不符实，而且对我极其不利的是我向他们开诚布公。这逐渐让我拾回一些自信；我学会了如何聚集自身力量并与他们进行协商。

您知道，按照内在的需求寻求真理的思想家只是少数，但对他们每一位来说真理已经启示了它内在生命的一些东西；因此他们当中没有谁会如此地微不足道，以至于听从他的建议毫无裨益。我发现了这一迹象，并至死不渝地遵循它；我坚持越久，越发密切地意识到真正的深刻思想都有一个共同的方向，

正如物体中的重力一样;但是这个方向既不能给出平行线,也不能给出交叉线,因为它始于圆周之上不同的点。它与洞察力极其不同,洞察力可以被我比作圆的弦,并经常因其就形式与关系而言具有深刻性而被视为敏锐的感觉。在这里直线任意交错,有时也相互平行。弦可以无比接近于直径,以至于被视 21
为直径本身;然而弦只是切割了更多的半径而不像它给人的印象那样触及它们的终点。哪里丧失深刻性与洞察力,哪里就仅仅只有所谓的知识,这知识没有清晰性、深刻性,没有对真理本身的需要以及随真理而来的快乐,还有什么比这更令人嫌恶吗?……最可敬的先生,请您原谅所有这些假想。——我将谈论莱辛。

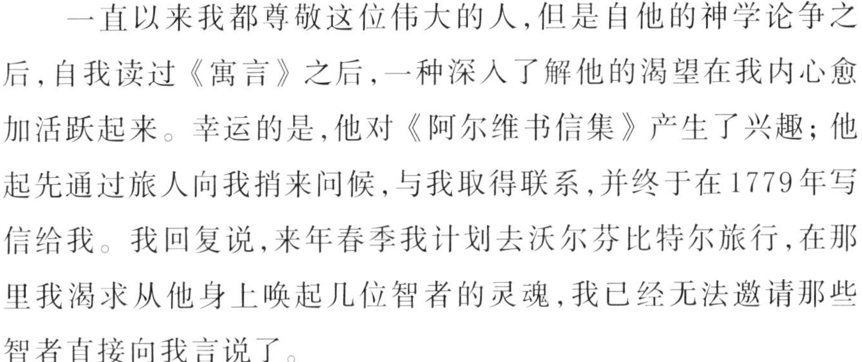

一直以来我都尊敬这位伟大的人,但是自他的神学论争之后,自我读过《寓言》之后,一种深入了解他的渴望在我内心愈加活跃起来。幸运的是,他对《阿尔维书信集》产生了兴趣;他起先通过旅人向我捎来问候,与我取得联系,并终于在1779年写信给我。我回复说,来年春季我计划去沃尔芬比特尔旅行,在那里我渴求从他身上唤起几位智者的灵魂,我已经无法邀请那些智者直接向我言说了。

我踏上旅程,并在7月5日的下午首次拥抱了莱辛。

当天我们还讨论了很多重要的事情,也讨论了一些人,有德之 22
人、无德之人、无神论者、有神论者和基督徒。

第二天清晨莱辛来到了我的房间,当时我仍在忙于一些我不得不写的信件。我从信匣里拿了很多东西给他,好让他在等候之际打发时间。归还时他问我是否还有其它读物。“还有”,我

说（我正准备封上信件），“这里还有一首诗；——您已经引起了诸多不快，这次不妨您自己也体味一下吧。”……[1]

莱辛：（在读了诗歌之后，他正要把它归还于我）我没有感到不快；很久以前我曾经被激怒过，但那次我是直接受到了冒犯。

我：您知道这首诗吗？

莱辛：我没读过这首诗，但是我觉得它不错。

我：就其形式而言，我也是这样认为的，否则我是不会拿来给您看的。

莱辛：我的意思是它在其它方面不错……这首诗所持的观点正是我自己的观点……正统的神性概念对我不再有效力了；我并不欣赏它。一即一切！除此之外我别无所知。这首诗也指向这个思想，我必须承认我很喜欢。

我：想必您极为赞同斯宾诺莎。

莱辛：如果我必须冠以某人之名，那么除他之外我别无所知。

23 我：斯宾诺莎对我而言已经足够优秀：然而我们在他的名字下发现了多么拙劣的拯救！

莱辛：是的！如果您想的话！……那么您还知道更好的吗？……

这时德绍的长官沃尔克来了，然后我们一起去了图书室。

第二天清晨，当我吃完早餐回到房间穿衣的时候，莱辛到我

① 异文 a：参见信件末尾的诗歌。
异文 b：有充分的理由不在此分享这首严辞抨击一切神意的诗。——原注

这里待了一会儿。我坐着整理头发，而莱辛在此期间静静地靠在房间角落的桌子上。正当我们面面相觑的时候（此时的我正坐在莱辛倚靠的桌子的另一侧），他开始说道："我来这里是为了和您讨论我的一即一切，而您昨天显得很惊恐。"

我："您昨天吓了我一跳，或许我确实脸红了，之后还苍白失色，因为我感到困惑，但是谈不上惊恐。事实上对我而言，没有什么比发现您是一个斯宾诺莎主义者或泛神论者更不容置疑的了。您如此突然地就向我坦白了这一点，而我来这里主要是向您寻求帮助去驳斥斯宾诺莎的。"

莱辛："那么您还是对他有所了解了？"

我："我想鲜有人能像我这样了解他。"

莱辛："那就爱莫能助了。您最好反过来完全成为他的朋友。除了斯宾诺莎的哲学，没有别的什么哲学。"

我："这也许是真的。因为决定论者，如果他想始终如一的话， 24
必然成为宿命论者：其余的届时自然随之而至。"

莱辛："我注意到我们彼此之间可以相互理解。我越发地期待从您那里听到您所认为的斯宾诺莎主义的精神；我指的是启迪过斯宾诺莎本人的精神。"

我："这无外乎就是那条古老的箴言：**无物来源于虚无**（a nihilo nihil fit），不过较之犹太神秘哲学家或先前的哲人，斯宾诺莎采用了更为抽象的概念讨论那句箴言。为了和他所设立的这些更为抽象的概念协调一致，伴随着无限之中的每一个生成（不论如何粉饰），伴随着无限中的每一个变化，**某物从虚无之中被设定出来**。因此，他拒绝从无限到有限的每一个过渡；总的来说他拒绝一切暂时的、第二级的、遥远的原因（Causas transitorias, secundarias oder remotas）；并且在流溢之物的立场之上设定了
25 仅仅内在的无限；一个居于其内的、在自身之中永恒不变的世界的原因，它与它的一切后果是联结着的——同一的……”①

这个内在的无限的原因，在真正意义上确切来说既没有知性也没有意志，它因其先验的统一性和一贯的绝对的无限性，可以没有思想和欲求的对象，而且，在这一概念之前产生概念的能力，或先于对象、**完全自因**的概念，又或是引发欲求从而规定自身的意志，都不过是一些无稽之谈……

……有一种异议（Einwurf）——一个诸后果的无限序列是不可能的（它们不仅仅是后果，因为内在的原因无时无处不在）——是与自身相矛盾的，因为如果一个序列不是源自虚无，那么它绝对是无限的。由此可知，既然每个个别概念必然来源于另外一个，而且必定**直接地与现实的**、**在场的对象相关**；既然在作为本性是无限的第一因中，不管是个别的思想还是意志的个别规定都不能被找到，相反能找到的只是内在的、普遍的原材料（Urstoff）……第一因不能按照目的或者终极因行动，同样也不是为了某个目的或者终极因存在；它不可能拥有形成某种东西的最初根据或者终极目的，同样在它自身中也不可能有开端或
26 者终点……实际上我们称之为后果或者持续性的东西只是单纯

① 我将继续对此进行阐释，尽可能地统摄全局，而不插入彼此间的对话，以免过于繁冗。现在接下来的后果是由莱辛将莱布尼茨同样认为模糊且尚未完全理解的内容视为斯宾诺莎哲学中最晦涩的地方所造成的（参见《神正论》，第173页）。

这一说明仅此一次，接下来遇到相似情况，我将不会对其复述。——原注

的妄想；因为真实的后果与其全部真实的原因是同时的，并且仅仅按照表象才与后者有区别：这样后果与持续性实际上必然只是某种直观无限的杂多的形式和方式。

莱辛：……因此我们不必为信条争辩了。

我：无论如何我们不想这样。但是我的信条在斯宾诺莎那里找不到。

莱辛：我但愿它在任何一本书里都找不到。

我：此外，我相信世界有一个合理智的人格因。

莱辛：哦，更好！现在我一定是能听到全新的东西了。

我：请您不要期望过高。通过致命一跃（Salto mortale）我才将自己从问题中解脱出来，而头朝下飞跃，我想您无法从中得到任何愉悦吧。

莱辛：请不要这么说；如果我不需要效仿您的话。再者您终将稳健着陆。那么如果它不是什么秘密，您就告诉我吧。

我：您总是能够看穿我。整个事情在于，我从宿命论得出结论并直接反对宿命论，以及一切与之有关的东西。如果只存在纯粹的作用因，而没有终极因，那么思维能力就整个本性而言具有的唯一功能就是观看（Zushen），它唯一的工作就是伴随作用力的机械论。现在我们彼此之间进行的会谈只是我们身体的一个事件；并且会谈的整个内容可以分解为它的诸要素：广
延、运动、速度的程度，连同它们的概念以及关于这些概念的概 27
念。钟表的发明者根本没有发明钟表；他只是见证了来自盲目发展自身的诸力的生成。绘制《雅典学院》时的拉斐尔如此；创作《智者纳旦》时的莱辛也是如此。同样的情况适用于一切

哲学、艺术、政体、争夺水源与陆地的战争，总而言之，适用于一切可能之物。冲动与激情就它们是感觉或者观念而言，或者更准确地说，就它们带有感觉和观念而言，不起什么作用。我们只相信我们只是出于愤怒、爱、高尚或者根据理性决策而行动的。这纯粹是异想天开！实际上在这所有情况中最终推动我们行动的是对一切完全无知的东西，即在这种意义上完全缺乏感觉和观念的东西。但是这些感觉和观念只是关于广延、运动、速度的程度等的概念——现在如果有人接受这点，那么我不能反驳他的观点。但是如果有人不接受这一点，那么他必将成为斯宾诺莎的反对者。

莱辛：我注意到您倾向于拥有自由意志。就我而言，我不渴望。总而言之，我对你刚才所说的一点也不感到惊恐。把思想视为首要的、最好的并且想要从中推导出一切实属人的偏见；因为一切事物（包括诸表象），依赖于更高的原则。显然，广延、运
28 动、思想建立在更高的、长久以来尚未被阐明的力的基础上。这个力必然比这个或那个后果更加完满；因此，对它来说存在着一种不仅超越一切概念而且完全外在于概念的享受。虽然我们对它没有任何思维，但这不能消除它的可能性。

我：您比斯宾诺莎走得更远；对他来说，洞见高于一切。

莱辛：**是对人而言**！但人在过去远没有用我们按照目的而行动的糟糕方式充当最高的方法，远没有把观念放在最高处。

我：洞见在斯宾诺莎哲学中是一切有限本性的最优部分，因为它是这样一个部分，通过它每个有限的本性超出它的有限性之外。人们在某种程度上可以说：他赋予每一个存在者两个灵

魂，其中一个灵魂仅仅与当下的个别事物相关，另一个则与整体相关。[①]他还赋予第二个灵魂以不死性。斯宾诺莎的无限且唯一的实体，在个别的事物之外并没有仅仅就其本身而言确定的或完整的实存。如果它因其统一性有了属于自己的特殊个体的实在性（以这种方式表达我的想法），如果它有了人格性和生命，那么洞见就是它最好的部分。

莱辛：很好！但是您究竟按照何种表象预设您所谓的超验 29
的、人格性的神性？也许按照莱布尼茨的表象？我担心他在内心深处甚至是一位斯宾诺莎主义者。

我：您可以细致地谈论下吗？

莱辛：您对此真的怀疑吗？莱布尼茨的真理概念具有某种性质，以至于他不能忍受人们把任何狭隘的限制加之于它。他的许多断言都来自这样的思维方式，而且即便有巨大的洞察力，往往也很难发现他真正的蕴意。正因为这样我认为莱布尼茨的哲学非常有价值。我赞同他是因为他的宏大的思维方式，而不是因为他仅仅表现出具有的或可能切实主张的这样或那样的意见。

我：完全正确。莱布尼茨喜欢“用每一个燧石击出火花”。但是您说莱布尼茨在内心中对某种观点即斯宾诺莎主义有好感。

莱辛：请您回忆一下莱布尼茨著作中的一段文字，在那里上

① 虽然只能借助于这样一个物体，这个物体不能是绝对的个体，但必须包含无限者普遍永恒的特性和属性，包含无限者的本性和概念（因为绝对的个体与个体的绝对者一样不可能。规定即否定，《遗著》，第558页），但是通过这一区分，人们将手握一把通往斯宾诺莎体系的关键钥匙，反之，就只能身陷该体系的混乱与矛盾之中。——原注

帝是被这样述说的：上帝处于永恒的扩张与收缩之中。这是指对世界的创造和维持吗？

我：我知道他的连续闪耀（Fulguration）；但是您提到的这段文字我不了解。

莱辛：我会去查找的。之后您应该告诉我像莱布尼茨这样的人可以或必然对之有的见解是什么。

我：请您给我看一下那段文字。但是事先我必须对您说，由于对这位莱布尼茨我能回想起如此多其它的地方——如此多的
30 书信、文章，他的《神正论》和《人类理智新论》，他总体的哲学之路——因此“他不信世界的超越原因，而只信存在于世的世界因”这一假设将我弄得晕头转向。

莱辛：关于这一点我赞同你的想法，它切实将占据上风；我承认我说的有点多。然而我所思虑的那段以及其它一些叙述仍旧存在争议——但是请勿忘了我们的问题！现在您究竟基于什么表象来反对斯宾诺莎主义呢？您发现莱布尼茨的《基于理性的自然与恩典的原则》让斯宾诺莎主义终结了吗？

我：当我确信颇具说服力的决定论者与宿命论者没有什么不同时，我如何能赞同你的看法呢？……诸单子（连同它们的一切纽带）让我如同从前一样无法理解广延、思维、一般的实在性，而且令我分不清左右。我感觉我仿佛被引向了……此外我不知道还有哪个学说，像莱布尼茨的学说那样与斯宾诺莎主义相一致；很难说这两位作者中的哪一个最大地愚弄了他自己和我们——自然无意冒犯……。门德尔松公开表示斯宾诺莎哲学里
31 存在着前定和谐。现在已经可以得出如下结论：斯宾诺莎哲学

必然含有很多莱布尼茨基本学说的东西；否则莱布尼茨和斯宾诺莎（他几乎很难被沃尔夫的讲解所触动）毋庸置疑相恰的思想将不会有说服力。我敢大胆地通过斯宾诺莎来阐述莱布尼茨整个的灵魂学说……。关于自由他们持有的基本上也是同一个学说，他们的理论有分歧仅仅是错觉。如果斯宾诺莎通过石头的例子解释了我们对于自由的感受，即石头思维到以及意识到自己在尽可能地维持运动，那么莱布尼茨通过磁针的例子也阐释了这种感受，即磁针渴望向北转动，并且认为自己独立于其它原因转动，因为它无法意识到磁性材料不易察觉的运动。[①]……莱布尼茨通过欲望（Appetitum），内在的努力（conscientia sui praeditum）解释了终极因（Endursache）。同样，斯宾诺莎在这
个意义上让终极因彻底地起作用；他与莱布尼茨一样认为，外在 32
之物以及欲求的表象构成了灵魂的本质。简单地说，如果人们侵入事物的最深处，就会发现在莱布尼茨那里、同样也在斯宾诺莎那里，每一个最终因都预设一个作用因……思想不是实体的源泉，相反实体是思想的源泉。因此，某种非思想的东西必然被预设为先于思想的原初者；这种必然被视为先于一切事物的东西，即使不存在于现实中，至少也存在于表象、本质、内在本性中。所

① 同样在第63封信中，斯宾诺莎说："这就是人人吹嘘自己拥有的自由，这就是仅仅存在于人意识到自身欲望却不知人被何种原因支配这一事实中的自由。"

斯宾诺莎根本不缺乏决定论者设法避免宿命论的权宜之计的概念。但是这对他来说似乎远离了真诚的哲学，因此他更偏爱不加区分的决断（Arbitrium indifferentiae）或者均衡的意愿（Voluntas aequilibrii）。请参看它处，如《伦理学》第一部分命题33附释2的结尾处，以及第三部分命题9的附释，特别是第四部分的序言。——原注

以莱布尼茨足够真诚地称之为自由精神（automates spirituels）的灵魂。[1]但是一切灵魂的原则在某个地方如何自为地存在、起作用（在这里我是按照莱布尼茨最深刻、最完全的思想来谈论的，就我目前的理解）呢……；在质料之先的精神呢？在对象之先的思想呢？如果他真想帮助我们从困境中解脱出来，他本应该解开这个巨大的结——然而他却任由它像从前那样缠结。

莱辛：……我不会罢休的，您今天一定要澄清这种平行比
33 较……人们总是谈起斯宾诺莎，仍然好像谈到一条死狗一样……

我：而且因此他们还将继续谈起他。为了理解斯宾诺莎，需要付诸极大的精神努力，极大的决心。任何人，不能透彻理解《伦理学》的文字，便无法把握他的意旨；任何人，不能理解这位伟人为何像他如此频繁坚决呈现的那样，对他的哲学抱有如此坚定的内在信念，亦是如此。在他生命的终点，他还写道：“……我不会认为我找到了最完善的哲学，但我知道我能找到真正的哲学（non praesumo, me optimam invenisse philosophiam; sed

① 同样的描述也能在斯宾诺莎哲学中找到，尽管不是在他的《伦理学》中，而是在他的《知性改进论》中。有一段文字值得我在此引用：“至于真实的观念，我们已经表明它是简单的或者由简单的观念组成的；表明真实的观念表明的是什么，以及事物怎样和为什么存在或者被创造的；表明它在灵魂中的客观效果与对象的合理形式相吻合。这一结论亦吻合古语，即真正的知识出于因果关系，尽管就我所知古人绝不能像我们在这里所做的那样，设想灵魂按照固定的法则运作，在某种程度上类似非物质的自动机。”《遗著》，第 384 页。我弄清了自动机这个词的来源以及比尔芬格对它的论述。——原注

veram me intelligere scio）。”[1]鲜有人能享受到这般精神的宁静、知性的天堂，像这睿智纯粹的心灵曾享受过的那样。

莱辛：然而您不是斯宾诺莎主义者，雅可比！

我：的确不是，凭我的荣誉保证！

莱辛：但是凭您的荣誉，您将因为您的哲学而必然背离所有哲学。

我：为什么会背离所有哲学？

莱辛：好啦，那您是一个彻底的怀疑论者。

我：恰恰相反，我把自己从一种必然造成彻底怀疑主义的哲学中拉了回来。

莱辛：之后，转向何方呢？

我：朝向光，对此斯宾诺莎说，光照亮自身，也照亮昏暗。我爱斯宾诺莎，因为比起其他哲学家，他在更大的意义上将我引入
一种信念——某些东西不允许解释：人们对这些东西不能闭眼 34
不顾，相反必须在发现时就接受它们。我对内在因没有什么概念，同样对终极因也无概念；没有比“**我做我思维的事情**”更为生动的信念，同样没有比“**我仅仅应该思维我所做的事情**”更为生动的信念。因此毫无疑问，我必须预设一个对我来说完全无法解释的思维与行动的源泉。若是想彻底澄清，我必然要求助命题

---

① 在写给阿尔伯特·博许的信中，他补充道：“如果你问我怎么知道它的，我将这样回复：像你知道三角形的三角之和等于两个直角一样，任何神志清醒的人，任何不对用貌似真理的错误观念怂恿我们的不洁精神抱有妄想的人都不会否认这是充足的意志。”——斯宾诺莎在确定和不被质疑之间做了清晰的区分。——原注

2，[①]而人的知性几乎不能忍受它在个别情况中的运用，如果要在整个范围内对其加以考察的话。

莱辛：您这么勇敢地表达自己的想法，就好像奥格斯堡帝国议会颁布法令一样。但是我是路德的虔诚信徒，我坚持“比起谬误和渎神，人没有自由意志要更加野蛮残酷”，即便您的斯宾诺莎那敏锐而纯粹的心灵也发现自己持有该信念。

我：斯宾诺莎在转向人的行为时，会在很大程度上迂回婉转，以隐藏他的宿命论，特别是在他的著作（即《伦理学》）的第四和第五部分，我可以说，他在这里时不时地把自己降低为一个智者。——而这正是我所断言的：一个有智慧的头脑，如果想要彻底地阐释一切，根据清晰的概念使这一切彼此协调，不然就将禁止任何东西起作用，那么必然得出愚蠢的结论。

莱辛：那么，他就不想解释吗？

我：他不想解释不可理解的东西，而只是想知道这种东西之开端的边界，并且只是认识到它就在那，关于这个不可理解之物，我相信他在自身中为人类真正的真理争取到了最大的空间。

35 莱辛：废话连篇，亲爱的雅可比，废话连篇！您所要设定的边界无法得到规定。另外，您还将自由开放的领地交给了幻想、无意义、盲目性。

我：我相信，那个边界会得到规定。我无意设定任何边界，相反我只想发现既已设定的边界，并且让它留在属于它的地方。至于无意义、幻想和盲目性……

① 斯宾诺莎：《伦理学》，第三部分，命题2。——原注

莱辛：在混乱的概念占统治地位的地方，这些东西可以随便找到。

我：在虚构的概念占统治地位的地方，可以找到更多。最盲目最无意义的信念（如果还不是最荒谬的）也获得了它最高贵的皇冠。因为谁爱上某些解释，谁就会盲目地接受从无法证伪的推论中提取的每一个后果，哪怕他必须倒立行走。

……按照我的判断研究者最重要的工作是敞开存在、揭示存在……。对他而言，解释是实现目的的手段、路径，是最初的目的而非最后的目的。他的最终目的是无法阐释的东西：不可分解的、直接的、单纯的东西。

……沉迷于阐释欲使得我们如此激动地寻找万物的普遍性，以至于我们在此过程中忽略了差异；我们一直以来总是想着联合，因为我们常常因为巨大的不一致的利益而分裂……因为我们只整理、联结诸事物中可阐释的东西，那么灵魂中某种光辉也就产生了出来，这一光辉所照亮的远不及它所遮蔽的。然后我们为了较低类型的知识牺牲了深刻和崇高的斯宾诺莎所称的最高类型的知识；我们紧紧闭上了灵魂之眼，而灵魂凭借此眼才得以洞见神和自身，由此我们更加肆无忌惮地仅用肉眼观察……

莱辛：好，非常好！所有这些也能为我所用，但我自己不会 36
重复做同样的事。总体而言，您的致命一跃并不令我讨厌，而且我明白了一个人是如何为了有所进展而以这种方式倒悬的。如果可以的话，请您让我与您同行。

我：如果您真的要涉足这个吸引我前行的灵活地带，请您说到做到。

莱辛：但是那也需要跳跃，而我不能再苛求我的老腿和我沉重的脑袋了。

关于这次谈话我只是提供了一些关键内容，此后的一些谈话（通过多条路径）也曾把我们带回同样的主题上去。

有一次莱辛半带微笑着说：他自己可能就是最高的存在者，而现在处在极度收缩的状态。

我恳求他赋予我实存。

37 莱辛回复说根本就不是那么一回事，而且他为自己辩解的方式让我回想起海因里希·莫鲁斯（Heinrich Morus）和冯·赫尔蒙特（von Helmont）。莱辛在被逼问时显得愈加地坦率，以至于我可以再次提出卡巴拉神秘主义的质疑以反对他。这极大地振奋了他，而我则抓住机会支持吉布尔主义（Kibbel）或者最严格意义上的卡巴拉神秘主义（Kabbalam）[1]，就是说将这样一种看法当作出发点，这种看法认为从有限的存在者发展出无限的存在者，阐明有限存在者之间的过渡，或者通过任意一种公式来确定它们的比例自在且自为地都是不可能的；因此如果有人想对这一主题表达自己的想法，他必须根据启示来谈论。莱辛坚持以自然的名义言说一切；而对我来说，并不存在任何关于超自然之物的自然哲学，尽管这两者（自然之物与超自然之物）显然已经存在了。

① Kabbalam 在希伯来语中译为 Kibbel，即接受的动作。卡巴拉作为犹太神秘主义学说认为人可在理智之上获得对神性直接和亲密的认识。——中译者注

如果莱辛想表现一种有人格的神性，他应该把这种神性设
想为万物的灵魂；而且他应该通过与有机物类比来思考一种整
体。因此，这一整体的灵魂作为灵魂，正如其它一切所有可设想
的体系中的灵魂那样，仅仅是一种作用。[①]就此而言，灵魂的有机 38
范围不能通过类比这一范围内的有机部分而被考察，因为它无
法涉及任何外在于它的东西，它既不会从这些外在的东西中接
受什么，也不会归还什么。因此，为了在生命中保持自身，这个 39
有机体的范围在一定程度上必须不时地撤回到自身；必须在自
身中把死亡、复活和生命统一起来。但是人们也许能够设想一些
这样一个存在者的内在秩序的表象。

莱辛笃信这一理念，而且他把这一理念运用于一切情况之 40
中，有时是开玩笑的，有时是严肃的。在格莱姆（Gleim）家里，[②]
在我们正要在桌旁坐下时，突然下起了雨，格莱姆发起牢骚来，
因为我们本来准备在饭后去他的花园休息的。坐在我身旁的莱
辛说道：“你知道吗，雅可比，也许我现在就置身于花园之中。”[③]
我回答说：“或许吧。”格莱姆凝视着我俩，似乎我俩都昏了头；
之后我们一起度过了三天时光，他以他愉悦、理智、活跃的奇想，

① 同样按照莱布尼茨的体系，隐德莱希（Entelechie）只有通过身体（或者身体的概念）才能变成精神。——原注

② 在返回汉堡的途中，我又一次拜访了莱辛，他非常友好地陪我去了哈尔伯施塔特（格莱姆居住于此）。——原注

③ 它是在这层意义上说的，就像一个人说我消化了，我酿出了美妙的或糟糕的果汁等。——原注

幽默的玩笑话以及总是充满爱意的逗趣（尽管很尖锐）一直不知疲倦地费心与我们交谈。

莱辛不能接受一个人格性的、绝对无限的存在者的理念，即便他一如既往地欣赏这种存在者至高的完善性。将这样一个**无限且无聊**的表象与之结合起来，他会感到恐惧、痛苦。

他没有把人在死亡之后带着人格存在视为不可思议的。他对我说，他在那时阅读的博内特（Bonnet）的著作中遇到了一
41 些观念，这些观念与他关于这一主题的观念甚至与他的体系不同寻常地一致。由于交谈的趋向以及我对博内特详尽的了解（之前我用心阅读过他的全部著作），我放弃了询问更细致的内容。在此以后，因为莱辛的体系对我而言既没有模糊之处，也无可疑之点，我没有出于这样的目的查阅博内特的著作，直到当下的诱因引导我这么做。莱辛当时阅读的博内特的著作可能正是《轮回》（*Palingenesie*），您对这本著作也非常熟悉；在《自然沉思录》（*Contemplation de la nature*）第一部分的第七节以及与之相关的第四节中非常重要的第十三段（博内特涉及的）可能包含莱辛意指的诸观念。有一段文字（原版第246页）引起我的关注，博内特说："有谁能想象宇宙比一个动物更缺乏和谐、更缺乏有机性（我过去似乎说过）吗？"

为了继续前往汉堡旅行，我和莱辛道别，在当天我们对

所有这些主题都进行了充分认真的讨论。我们在哲学上很少大相径庭，差别只是表现在信念上。我把小海姆斯特乌斯（Hemsterhuis）的三本著作给了莱辛，这些著作是《论人及其关 42
系的书简》、《索菲勒》以及《阿瑞斯泰俄斯》。除了一封论雕塑的信件之外，莱辛对海姆斯特乌斯一无所知。我很不情愿地把《阿瑞斯泰俄斯》给了莱辛——这本著作是我在经过明斯特时刚刚得到的，尚未来得及阅读；可莱辛的渴求是如此地强烈，因此我还是给了他。

在我归来的路上，我发现莱辛完全被这本著作迷住了，以至于决定把它翻译出来。莱辛说，这明显是斯宾诺莎主义，它包裹在一个如此美丽、显白的外壳之中，这一外壳反过来又对内在学说的发展和澄清做了贡献。——我向他保证，以我对海姆斯特乌斯的了解（当时我与他还未建立私交），他不是斯宾诺莎主义者；狄德罗曾经亲自向我证实了这一点。——莱辛反驳说："如果您阅读这本书，就不会再对此有所怀疑。在《论人及其关系的书简》中他尚有些犹豫，他在当时很可能尚未完全理解斯宾诺莎 43
主义；但现在他对斯宾诺莎主义已经非常清楚了。"

人们一定要像莱辛一样了解斯宾诺莎主义，才不会觉得这一判断是矛盾的。莱辛所称之为《阿瑞斯泰俄斯》的外壳的东西，完全有理由被视为关于那些不可分、内在、永恒的联结的学说的发展，这些联结包括：无限存在者与有限存在者的联结；普遍且在此程度上无规定的力与可规定的个别的力的联结；以及这些力的各种必然冲突的倾向的联结。人们很难运用这本著作的其余部分来反驳斯宾诺莎主义者。在此我必须郑重声明，海姆斯特乌斯肯定不是斯宾诺莎主义者，相反他完全反对这一学说的基本要点。

当时莱辛还没有读过海姆斯特乌斯的文章“论欲望”。在我正要离开的时候，这篇文章（放在一个包裹里）寄到了我的住所。[①]莱辛写信给我说，直到他打开了信封，那无法遏制的好奇心才获得了平静；他把其余内容寄给住在卡塞尔的我。“关于这篇令人异常满意的文章（他补充道），稍后还有更多相关内容。”

在他去世前不久，即十二月四日，他写信给我：“***让我突然想到，我曾经承诺与您分享我对海姆斯特乌斯爱的体系的思
44 考。但您可能不会相信这些思考与这一体系多么精准地和谐一致。而依我看，这根本就没有说明什么，对我来说，只是为了在与分析家交谈的时候，将一个说法转换为另一个说法，由之我与其说距离启迪更进一步，还不如说陷在了新的错误道路上。——但是现在处在写我想要的东西的状态吗？——我甚至不处在写那些我必须要写的东西的状态。”

45 我在以上述方式了解莱辛的观点之前，就确切地知道，莱辛是一个正统的自然神论者。[②]在他的《论人类的教育》中，有些我完全无法理解的东西，尤其是第73节。我想知道，是否有人可以不根据斯宾诺莎的观念澄清这一段。而按照这些观念，评论将变得十分容易。斯宾诺莎的神是一切实在之物中实在性的纯

① 我在沃尔芬比特尔逗留期间，为了满足莱辛对这篇文章的强烈欲求，我不得不给家人写信。——原注

② 自然神论一般认为上帝的本质是理性，上帝按照理性创造世界，自创世以后不再插手世界事务。——中译者注

粹本源,是一切实存(Dasein)当中存在(Sein)的纯粹本源。斯宾诺莎的神完全没有个体性,是绝对无限的。这个神的统一
性以无差别的统一性为基础,因此并没有排除一种多样性。但 46
是单就这种先验统一性而言,神性不管怎样必然缺乏实在性,因为实在性仅仅存在于且表现在被规定的个别事物中。因此,这些东西,即实在性和它们的概念一起依赖于被动的自然(Natura Naturata,即永恒之子);正如那样一些特性,即**可能性**、**本质**、**无限者的实质**连同它们的概念一起依赖于能动的自然(natura naturanti,即父)。[①]

刚刚我对斯宾诺莎主义的精神做过阐释,在这里请允许我免除进一步的详述。

您和我一样都知道,比如在一些图形之中,这些所谓的表象对于那些生活在远古的人来说或多或少显得混乱。“在这里语言确定无疑从属于概念,正如一个概念从属于另一个概念一样。”

有些人可以证明,莱辛常常重点提及作为他神学与哲学主要概
念的“一即一切”。他偶尔说到它,书写它,作为他确凿无疑的格言。 47
因此在格莱姆的园中小屋里,在我的格言下面,莱辛亲笔将它写下。

而关于这一观点的其它一些事情可以通过马尔凯塞·卢凯西尼(Marchese Lucchesini)获知。他在我之前不久到了沃尔

① 我请求读者不要停留在这个压缩得非常简短由此变得非常模糊不清的评论里。在第3封信中事情就会变得充分明朗。——原注

芬比特尔，莱辛极力赞扬他，说他思维极其清晰。

我已经讲述的还不到我本可以谈及的内容的十分之一，如果在表达和措辞上我的记忆足够准确的话。出于这个原因我在论述中，已经尽可能简单地采用了莱辛谈到的内容。如果人们就如此多极其不同的事情说了一整天，那么必定会错失细节的。与此相关地，我相当确切地知道，**莱辛不相信一个与世界不同的事物的原因**，**或者说**——**莱辛是斯宾诺莎主义者**，之后他针对这个主题以这种或那种新的方式提及的事情，并没有比其它事情给我留下更深的印象。我没有想到要去记录莱辛说过的话；而莱辛是一个斯宾诺莎主义者，这对我而言是极易理解的。如果他宣称相反的观点，而这是我十分迫切地想听到的，那么我很有可能会对每一个重要的语词都进行解释。

---

48 由此我最卓越的先生，我本就应该对您大部分的要求不予考虑，现在我只需要对一些特殊问题做简单的提示。

我必须向您，我最卓越的先生坦承，这些特殊的问题让我感到诧异，因为它们对我而言预设了这样一种无知（更不用说更糟糕的情况）——我也可能处于这种无知之中——但是您没有因为任何外在的原因去提出质疑或者毫无顾忌地表明您的质疑。

您问："莱辛是否直截了当地说：我认为斯宾诺莎的体系是真实的、有充分根据的。然而是哪一种呢，他指的是《神学政治论》中、或者是《笛卡尔哲学原理》中呈现的体系，还是卢多维克乌斯·迈耶在斯宾诺莎死后以其名义让人熟知的体系呢？”

任何人只要了解斯宾诺莎，就会熟知他演绎笛卡尔学说的历史，而且知道这种历史与斯宾诺莎主义没有什么关系。[1]

我对卢多维克乌斯·迈耶在斯宾诺莎过世后让人熟知的斯
宾诺莎体系一无所知，因此您指的一定是《遗著》——或者可能
只是序言，但是那样莱辛就会取笑我了，笑我被蒙骗，居然会相 49
信那里包含的对斯宾诺莎主义的阐释就是他的信仰。——那就
真的有点过分了！——因此，您指的一定是《遗著》本身。但如
果是这样，我不能理解您以什么方式反对《神学政治论》。这部
包含着其体系的著作与他的遗著完全一致。此外，直到生命的尽
头，斯宾诺莎不止在一个地方明确提及到它。

您进一步追问：“莱辛是像培尔那样误解了斯宾诺莎的哲学体系，还是像其他人那样更好地阐释了这一体系？”

理解和不误解是有差别的。就结论而言，培尔并没有误解斯宾诺莎的体系；人们只能说，他没有足够深入地回归文本以理解这个体系，由此没有洞见到作者所意谓的基础。如果培尔按照你批评的意思误解了斯宾诺莎，那么以同样的标准来看，莱布尼茨对他的误解甚至更加严重。如果你愿意，请您对培尔在评论N的最初几行所做的阐释与莱布尼茨《神正论》（序言）第31节、

[1] 即是说，仅在《笛卡尔哲学原理》中的诸命题与《神学政治论》以及《伦理学》中所提及的体系并不一致这层意义上，人们可以说一方与另一方相对立。请看《笛卡尔哲学原理》序言，以及斯宾诺莎写给汉纳·奥尔登堡的信，《遗著》，第422页；以及写给布林堡的信，同上，第518页。——原注

《神正论》第173、374、393节进行比较。但是如果莱布尼茨和培尔没有误解斯宾诺莎的体系，那么其他那些意图对它做出更好解读的人实际上就是误解它了，或者曲解它了。这些人不是我的朋友，而且我保证他们也不是莱辛的朋友。

50 莱辛没有以这样对我说：“亲爱的兄弟，那备受谴责的斯宾诺莎很可能……，等等。”

我对您的异议这般简单、枯燥，甚至有一点严厉，请您不要放在心上，我尊敬的、高贵的门德尔松先生。对于像您这样令我尊敬的人，这种声音是唯一合适的。

我在，等等（Ich bin, u.s.w.）。

51 普罗米修斯

［遮蔽吧，宙斯，让您的殿堂隐入云雾之中；
砺炼吧，像身披刺蓟的少年一样，
将砍下的头颅堆成橡树和山一般高；
但是，请把我的土地留给我，
我的小屋（并非由你搭建）
还有，我的壁炉，
那散发的暖意令你如此嫉妒。

诸神，日光之下我从未见过有什么比你们更悲哀！
可怜兮兮地，
你们蚕食献祭的什一税，祈祷者的气息，

以给养自身的崇高；
如果婴孩与乞讨者不是被灌注了愚昧的希望， 52
你们都将饥肠辘辘。

当我还是个孩子，
一切崭新而陌生，
我将迷茫的目光朝向太阳，
——仿佛那里有只耳朵
于尘世之上倾听我的烦忧，
有与我相似的心灵，
生就怜悯那些受难的人。

谁曾帮我抵抗泰坦的狂纵？
谁曾指引我远离死亡和奴役？
不是你全靠自己获取这一切的吗，
我神圣的、炽热的心？
然而，年轻又善良的、沉醉的你，
将闪耀着的感恩生命的光芒
投向那位眠于尘世之上的他。

我，敬畏您？为什么？
你何曾为受苦的人减轻悲伤？
你何曾为痛苦的人抚平泪水？
难道我不是随着时间才历练成人， 53

全能的神，以及永恒宿命，你我的神？

那么，你相信吗？
我终将厌弃生命，
逃至荒野，
当青春萌发的梦再无法成熟？

此刻我坐在这里，
按我的模样塑造人形：
那必是与我相同的族类，
受难和哭泣，
在事物当中欲求和欢愉，
同时对你无视——就像我一样！］

54 尽管信件的结论多少有些过于尖锐，但是事实上那位高尚
的收信人很温和地接受了，他甚至认为应该请求我的谅解。在他
收到我的信件之后，他立即通过我们共同的好友，向我传达了友
55 好的善意，以及对于我本人与文章的溢美之词。他想在能够以更
加放松的方式全神贯注地重新阅读之后给我回信；而且在提笔
撰写关于莱辛“品格”的文章之前，他恳请我对我论文中的种种
作更深入的澄清。然后他说，他将会使用一些由我记录的对话，
届时需要仰仗我、我的朋友以及另一个与我们同样亲密且也是
莱辛朋友的人。就他自身而言，他认为这不应该受到抑制，因为
给予思辨拥趸者以忠诚的警告是必要与有用的；用触目惊心的

案例向他们展示若缺乏引导放任思辨将遭遇什么危险，是必要与有用的。这位优秀的人写道：“至于哲学的外行，随他们去欢喜或悲伤，我们不会分裂；我们不会招募或传教。确实，如果招募队员或试图组建派别的话，我们就将沦为我们所宣扬的旗帜的叛徒。”

现在7个月过去了，我没有听到门德尔松的任何消息。因为 56
这段时间命运给予我许多重击，我很少思考这件事情。而我的通信往来，再未积极进行，已经完全沉寂下来。与此同时，我的朋友海姆斯特乌斯对斯宾诺莎的一个判断，诱使我将斯宾诺莎带入一场与《阿瑞斯泰俄斯》的战争。在1784年6月我草拟了一段对话，但是将之转化成信件寄给海姆斯特乌斯却被一周又一周地推延了。

恰巧在这段时间，朋友的来信带来了一条讯息：这个夏天如若健康与闲暇允许，门德尔松决定暂且搁置手头论莱辛“品格”
的文章，以便试着应对斯宾诺莎主义者或者正如他更喜欢称呼 57
的“一切即一”者们（All Einer）。她为我通过文章推动了一项非常有意义的工作向我表示祝贺。因为可以肯定眼下的当务之急就是，我们时代刺眼的谬误需要被纯粹理性无法抵挡的光芒彻底驱散，而这光芒被结实的手掌高高擎起。

门德尔松的决定令我满心欢喜，我写了回信；我放弃给海姆斯特乌斯写信了，并且把关于这件事的想法全部抛之脑后。

8月末我到霍夫盖斯马尔旅行，以便调养我那已经十分虚弱 58
的身体，并在两位最伟大最可爱的人加利钦公主、菲尔斯滕贝格大臣的陪伴下重获生活的乐趣。在那里门德尔松的信让我瞠目结舌，其中附有的一些评论，与我给他的信中所包含的哲学思想相背离。邮件寄到杜塞尔多夫的时候我刚好离开，它经由我们的共同好友之手，尚未拆封。

在这封信里，门德尔松重申了已经由朋友传达过的歉意，并
59 且通过以下几句话向我透露了他反对斯宾诺莎主义的意图："因为我暂时搁置了评述莱辛思想的计划，想先草拟一些论斯宾诺莎主义的东西，您将看到，正确地把握您的思想，恰当地理解**您试图捍卫的这位智者的体系所基于的根据**，对我来说是多么重要。我冒昧地在附上的文章里面呈送我的思考和保留意见。如同一个骑士，**您扔下手套发起决斗**，我拾起来接受挑战。那么现在让我们按照骑士的规则，在我们共同敬重的夫人见证下，开启形而上学的荣誉之战……等等。"①

60 以下是我的答复。

1784年9月5日于霍夫盖斯马尔

致柏林的门德尔松先生：

这几个月以来每况愈下的身体状态驱使我来到这里的浴场，而且有可能驱使我到更遥远的地方。置身在矿质水的蒸汽之

① 雅可比在1789年的第二版中于此处后插入了"附 门德尔松先生致雅可比先生的便函"，可见目录及后文扩展内容。——中译者注

中，我无法即刻回复阁下预计在8月1日寄达的那封信（它在27日才到杜塞尔多夫，在9月1日到我这里）。然而一个幸运的巧合，依然允许我在这场战役中对你有所补偿。同样在这里沐浴温泉的加利钦公主，身边带着之前我写给海姆斯特乌斯的那封论斯宾诺莎哲学的信件的副本。按照这个副本，我复制了第二份，并附在了这里。针对您评论中最重要的观点，那些我不得不说的话都可以在信的语境里找到，这种语境更好地阐明了整体，并将消除许多误解。

一旦我回到家里有空闲，我将重新审阅寄给您的论莱辛的 61
报告，把我的表述与您的评论相比较，然后补充任何在这篇寄与您的论文里没有解决的问题。我丝毫没有意识到曾经骑士般地扔下手套。如果我碰巧将它掉落，而您视其为扔下的战书，并且拾起来迎战，很好。我不会置之不理，而是将尽我所能坚决捍卫自己。然而，我拥护和支持的不是斯宾诺莎及其体系，而是帕斯卡尔的格言：自然迷惑了皮浪主义者，理性迷惑了教条主义者。我曾经清楚、大声地告诉您我是什么，我是谁。您把我当成另一个人，并不是因为任何一粒可能被我挑入你眼里的沙。斗争及其结果将会表明，我不会使用不正当的招数，而且没有什么比隐藏我自己更加远离我的思想了。我向上天、我们的女士以及我高贵的对手袒露我的诚心。

63 先前信件的附录

致海牙的海姆斯特乌斯先生信件的副本

距我威胁您我要回复您4月26日信中所附“斯宾诺莎”的文章，已经过去两个月了。现在我应该最终对这件事感到满意。

您说，您想到这位知名人士时，不能不指责他没能再活三十年。他本可以亲眼目睹，由于物理学自身的发展，几何学只能直接运用到物理事物之上；而且他把几何学的法则-方法与几何精神混淆了，如果他把这种精神应用在形而上学，他就会创造出与其精妙天才更匹配的事物。

也许我本人拥有的几何精神太少了，而不能在这一方面替斯宾诺莎辩护。但是即使他缺少那种精神到如此程度，以至于将它与几何学的法则-方法相混淆，这种精神不管怎样仍然不是不可或缺的，因为即使没有这种精神，斯宾诺莎仍具有最恰当的理解力、最敏锐的判断力以及无法被轻易超越的知性的正确
64 性、力量和深度。这些优点都没有阻止他犯错，诚然他已经犯错了，让自己被引诱把几何学的法则-方法用于形而上学。但是他的体系并没有创造出这套方法——相反这套方法的根源非常久远——，而且迷失在毕达哥拉斯、柏拉图以及其他哲学家共同依据的传统中。将斯宾诺莎哲学与其它一切哲学区别开来的、构

成其哲学灵魂的就是这点，即最严格地坚持和执行这一为人熟知的原理："无绝对不能生有，有绝对不能生无"（gigni de nihilo nihil, in nihilum nil potest reverti）。如果斯宾诺莎否定了任意一个行动的开端，并且把终极因（Endursache）的体系视为人类知性的最大谵妄，这只是因为上述原理，而非因为几何学可直接适用于非物理性的实体。

我在此大概就是这样设想斯宾诺莎各个观念的关系的。让 65
我们设想，他亲自现身在向我们言说，并忽略他已经读过《阿瑞斯泰俄斯》的情况。[①]

斯宾诺莎

存在不是属性，不是从某种力派生出来的东西；存在为一切属性、性状和力奠定了基础；人们用实体这个词表达存在；在它之前无物设定，一切事物必然预设存在。

存在的各式各样的表现中，有一些直接来自存在的本质。广延与思维的绝对的、真实的连续性即属于这类表现。

思维仅仅是实体的属性和性状，在任何意义上都不能是实 66
体的原因。思维依赖于那些它从中获得自身存在（Dasein）的东西，并且是这东西的表述与行动（Tat）；同时思维不可能是那种在行动中设定实体的东西。

① 《阿瑞斯泰俄斯或论神性》，巴黎，1779 年。以下两本著作的作者为同一人，M. 海姆斯特乌斯，《论人及其关系的书简》，巴黎，1772 年，以及《索菲勒或论哲学》，巴黎，1778 年。——原注

概念（即以某种方式被规定的思维）通过它们的内容而被分类；但是这内容，或者与内容相符合的东西不能创造思维。

概念的内容，或者与之相符合的东西被我们称为概念的对象。

因此每个概念之中都存在如下状况：

1）绝对的、本源的存在者，它们构成了不依赖于它的对象的思维。

2）附加物或者暂时性的存在物，它们揭示了一种关系，并且是这种关系的结果。

这二者必然在概念中相互从属，以至于思维（仅仅就其本质来考察）不可能产生对象的概念或者表象；同样对象，或者中介因（Mittelursache），或者某一种变化也不可能让思维在无思维的存在者中运作起来。

意愿（Wollen）在思维之后，因为它预设了自我感知。意愿在概念之后，因为它要求对关系的感知。因此意愿并不直接与实体，甚至不直接与思维相联结；它仅仅是诸关系的遥远的后果，而且绝不能是最初的起源、纯粹的原因。

---

67 让我们通过突袭来终止斯宾诺莎的攻击，看看是否能填满他的战壕，摧毁他的防御工事，并在他面前捣毁他的地雷！

大家一同射击吧！可怜的斯宾诺莎，你这个不切实际的人！让我们简单一些，以事实为开端。

“你承认每一个行动必然有一个倾向（Richtung）吗？”

斯宾诺莎："不。相反，在我看来每一个本源性的行动只能以其自身为对象，因此它没有倾向，因为被我们称为倾向的东西只是某些关系作用下的结果。"

"但是，万物存在或者显现为存在有一个原因吗？本质、样式或不论是什么东西，它只能如其所是地存在或者显现有一个原因吗？"

斯宾诺莎："毫无疑问！"

"因此，倾向有一个'为什么'，一个原因。但是，这个'为什么'不在倾向中，不然它在存在之前就已经居于倾向中了。"

斯宾诺莎："对的。"

"因此这个为什么存在于作用着的事物中并在其中有其根据。然而，你不能从原因进展到原因以至于无穷，因为存在一个确定的时机，在那里作用着的事物给予倾向，因此你要么将在作用着的事物的效果（即它们的欲求能力）中，或者在作用着的事物的变形中找到第一因。但是，这个变形有它的缘由，而且在你从一个原因进展到另一个原因之后，你最后会到达一个确定的效果，或者到达某个起作用的东西的意志，因此倾向把意志视为第一因。但是如果我们没有一个自我感知的、具有预见性的知 68
性，我们无法想象确切的效果以及给予其倾向的意志。因此一切作用的第一因只是无限大的、有无限权能的理性意志的行动。我说'无限'，因为我们从原因到原因必然能够达至这一点。"[1]

斯宾诺莎："我已经向你证明，意志正如处在倾向中的运动

① 《阿瑞斯泰俄斯》，第81—82页。——原注

一样，只是派生出来的、来源于关系的东西。正如运动倾向的原因不能存在于倾向自身之中，否则倾向在它存在之前就已经存在了，同样由于这个理由，意志倾向的原因也不能存在于这种倾向自身中，否则倾向在它存在之前就已经存在了。你的规定欲求能力的意志，完全是一种伴随原因的效果。你向我承认（因为你自己已经对此做出了评断），意志不仅存在于思维之中，而且存在于理念之中。现在思维就其本质而言仅仅是感知自身的存在（Sein）。理念是感知自身的存在，如果它是特定的，个别的，并且处在于其它个别事物的关系之中。意志只是感知自身的存在，如果它是特定的，并且作为个别的存在者行动……”

69 “等等，亲爱的斯宾诺莎，你又迷失在你的幻想之中了。导致你犯错的原因在于你没有区分效果与惯性。这二者在性质上完全不同甚至相悖。[①]在物理世界，有多少运动就有多少静止。
70 运动的部分把它的运动传达给其它还在静止的部分；反过来前者又从后者获得静止。作用与反作用，不管它们的来源是什么，彼此之间是平衡的。因此在世界中一切作用的总和与一切反作用的总和是相同的。假如一方舍弃了另一方，那么我们就将被带入完全的静止和惰性中去。[②]事物中的惰性（vis inertiae）其实只是事物中的力，凭借它事物才成为事物；事物只是根据这种力和它的强度起反作用。因此反作用和惰性是同一个东西。那些让我们认识惰性的东西，同时让我们认识了要么征服惰性、要

① 《阿瑞斯泰俄斯》，第 64 页。——原注

② 《阿瑞斯泰俄斯》，第 112 页。——原注

么被惰性抵消的运动；这是一种完全不同性质的力，人们称之为作用力。[①]因此我们看到世界被划分为两个部分。一部分世界是完全惰性的和受动的，它给予我们一幅无效果的、静止的完整图景；另一部分世界则充满活力并且给予生命，它接管了自然的僵死部分，把它们联结起来，甚至通过对它们自身的无效果的力的推动，迫使它们生存、活动。在存在者中的这种效果、努力、这种最初的力，是能够对处在它范围中的东西起作用的能力。这种活性具有一切可能的倾向，而它的自由就位于这些倾向中；它是一种未受规定的力，构成了意志能力，或能够意愿的能力。”

斯宾诺莎：“我已经让你按照你喜欢的方式谈了你的想法。下面是我的回答。确实，我不理解最初的力，除非它是使事物成为事物的力；我也不理解一种能力，或者说一种能够作用于存在者（由此被赋予了这个能够的能力）领域以内的东西的能力；我也不理解那种拥有一切可能趋势的作用力；我也不理解那种向所有方向散发其力与效果的未受规定之力，正如调料似乎散发气味那样。依我之见，这次谈话给出的是虚影而非概念，而且并未说出任何合乎理智的东西。哪类事物是被动的，或者只是承受力的存在者？那种可以把自身传达给被动性、并在被动性中成为行动的完全外在的原因的是什么呢——一种与受动 71
之物（它通过它的无作用性施加它的反作用）的本质相矛盾的活性吗？力能和它的本源分离吗，它能放弃它自身的一部分吗，而且这部分可以单独存在，或者更严重的是它变成了别的东西，

① 《阿瑞斯泰俄斯》，第74、115页。——原注

即完全不同质的东西的性质吗？——但是你会说，‘我们看到这发生了！’——而我将这样答复：我们也看到太阳围绕地球旋转。让我们撇下现象，努力认识事物自身。[1]真理不来自外部，真理就在我们之中。[2]但是几乎没有头脑生就是为了处理完全的抽象，或是说是为了单纯关注内在的存在。这次我们不想过于伤神。让我们把你关于另一个特殊世界的理论搁置一边，然后简单地浏览一下你对它的解释。简言之，这就是你的结论。有效的原因通过自身规定了事物的过程；因此这个原因是理智的，并且它的活动就存在于它的意志之中。我问你：这个原因是理智的吗，因为它合理智地欲求，或者说它独立于它的意志是理智的？你一定回答：它独立于它的意志，是理智的。但是不受规定的思想是空的，而且每一种思想没有表象就是未受规定的。现
72 在我问你：是什么把表象带进你那唯一的且无外在之物的创造者的思想中呢？或者其外在之物如果不是纯粹的虚无，就是他自身的创造的创造者的思想中呢？我问你：是什么把一些个别的、确定的、无力的存在者的表象带进这个创造者的思维中去的？他在概念存在之前，借助自己拥有概念的能力创造了他的概念吗？规定了它们吗？并且意志力，这位创造者的意志既非其知性的源泉，亦非其知性的后果，但依然能够理解这一切，我不知道这个意志来自哪里，去哪里，走向何方：它是什么呢？它如何存在的呢？它欲求什么呢？简单点，用一个问题总结所有

① 《阿瑞斯泰俄斯》，第 52 页。——原注

② 《论人及其关系的书简》，第 51 页。——原注

这一切：你的创造者是把他的存在归因于思维和意愿呢，还是把思维与意愿归因于他的存在呢？你可能回答我道：这个问题很可笑，在神之内思想、意志、存在是同一个东西。我很赞同你，只是有一个差别，你叫作意志的那个东西在我这里的称谓为一直作用着的能力，而且我仅仅这般看待它。因此，我们是一致的。但是这样的话，请别让我听到关于所谓正当引导行动的意志的讨论了；也不要听到关于那个预知一切的、甚至令第一因也沦为从属地位的知性的讨论了，这些讨论在任何情况下都是极度荒谬的。”

“不要激动，斯宾诺莎；相反让我们拭目以待，看所有这一切将把我们引向何处。我想以你对待我的主张的方式来对待你的主张，并简单地问你：如果你的意志只是你的作用的后果，甚至像你所说的，只是它的间接的后果，你如何按照你的意志开始行 73
动呢？ 47 我假设你赞同那种不需要任何论证的事实。因为要求证明人的意愿能力，就是要求证明人的存在。某种东西若在任何接受外物的表象的时候都感受不到自身的存在，在任何行动或欲求的时候都无法意识到自身的能力，那它就是区别于人的，而且对任何关于其本质的事物都不可能做出判断。”[①]

斯宾诺莎：“至于我的本质，你想做出什么判断，悉听尊便。但是，我现在可以确定的是，我不具有什么意愿能力，尽管我确实拥有特殊的意愿和个别欲望，像其他任何人那样多。你的意愿能力只是理性的单纯本质，它之于这个或那个特殊的意愿，就

① 《论人及其关系的书简》，第 60 页。——原注

如同动物性之于你的狗或马，或者就如人性之于你跟我那样。正因为这些形而上学的、幻想的存在者，你陷入到所有这些错误当中。你根据某种我不知道的完全就是虚无的东西幻想出行动或者不行动的能力。通过这些被你称为能够的能力等等的天赋，你让事物从虚无中产生出来，而人们甚至没有觉察到这一点，并且因为你狡诈地回避了争议的词汇，你激起了智者们的赞赏，而仅仅惹怒了真正的探究者。在所有这些能力以及能够的能力当中，
74 并不存在一个不与实存相抵牾的能力。进行规定的存在者以同样的方式在他所有的后果中被规定。不起作用的、在任何一个时刻都无效的力是不存在的。诸力按照它们实在性的程度起作用，并且在任何时候都不会将自身打断。”

“斯宾诺莎，请你回答我的问题！”

斯宾诺莎：“你认为我会求饶吗？这就是我的答复。只有当我的行动与意志相符时，我按照我的意志行动；但这并不是说是我的意志让我行动。因此，就产生了相反的观点：我们非常清楚地知道我们意愿什么，要求什么，但是并不知道是什么让我们要求和意愿。因为这种无知，我们以为通过意志本身产生了意愿；而且我们常常进展得如此之远，以至于把我们的欲望归因于意志。”

“我没有完全理解你的意思。你知道，关于那些规定意志的东西存在三个体系：其一，人们将其称为无差别的体系或者均衡（Gleichgewichts）体系，但更应该将其称为自由体系；其二，对至善和道德必然性做出选择的体系；最后，物理必然性或者宿命
75 论的体系。你是哪个体系的支持者呢？”

斯宾诺莎："三个都不支持，但第二个体系在我看来似乎是最糟糕的。"

"我赞同第一个体系。但你为何把第二个体系视为最糟糕的呢？"

斯宾诺莎："因为它预设了终极因，而有关它的学说是完全无意义的。"

"我赞赏你对至善的选择及道德必然性的看法，因为它们取消了自由。但是涉及终极因的那些东西，就我个人而言，拒绝它们是完全无意义的。"

斯宾诺莎："你不能摒弃其中一个而不牵连另一个。你承认，每一个别事物的本性都以这一个别事物的保存（Erhaltung）为目标；每个事物都努力追求保存它的本质；这一追求就是我们称之为其本性的东西。你将进一步承认，个体不是出于某个它所认识的根据或是因为某个目的才试图保存自身，它试图保存自身仅仅是为了保存自身，而且因为它的本性或者使它是其所是的力要求这样。我们把这种追求称为自然的冲动；并且就其被情感伴随而言，又称之为欲望（Begierde）。由此欲望只是个别事物对有助于保持其本质的东西的追求，并伴随着这一追求的情感。与个别事物的欲望相符合的东西被称为善的，相反则被称为恶的。因此我们对善或者恶的认识源于欲望或者与意识相关的欲求，而设想相反的东西，并且从它们的作用中引出原因
明显是荒谬的。至于意志，也仅仅只是欲求或者欲望，但这仅仅 76
是就其单纯涉及灵魂而言，仅仅是就其为诸表象、或者仅仅就其在思维着的存在者中现存而言。因此，意志只是致力于欲望的

知性。通过考察个别事物的倾向或欲望的不同变形,且这些变形取决于该事物的本质的组合或它与其它个别事物的关系,知性(它就是灵魂,如果灵魂有清晰明了的概念)决定了这些变形与个别事物的特殊本性是否和谐,因为知性能够知觉它们。但是仅仅存在于肯定和否定之中的知性的行动不规定个别事物的行动,同样这些事物的其它决定和判断不管是什么样子,也不规定事物的本性。"

"你刚才所说的没有完全摆脱混乱。但是不管怎样,已经明了的是,你否定了一切自由,而且是一个宿命论者,尽管你在之前对此否认。"

斯宾诺莎:"我远没有否定自由,而且我知道人们已经获得了他的那一部分自由。但是这个所谓的自由并不存在于能够意愿的渴望的能力中,因为意愿仅能存在于现实存在的特定的意志中。把能够意愿的能力归属于一个存在者,就好比人们把能够存在的能力归属于他,他借助于这一能力,为自己创造了现实的实存。人的自由是人的本质;也就是说,自由是他的现实能力或
77 者力的强度,通过它,人是其所是。就他只能按照他本质的法则行动来说,他是完全自由地在行动。仅仅按照根据并且只能按照根据而行动的神,通过根据而存在,并且仅仅通过自身才是自身,因此有绝对的自由。这是我对于这个主题的真实看法。至于宿命论,我将抛弃它,就宿命论是建立在唯物主义的基础上,或是建立在下述荒谬的意见之上而言:思维仅是广延的变形,例如火、光等等;然而正如思维不能来源于广延,广延也不能来源于思维。两者是完全不同的存在,尽管它们共同构成了唯一的

一个事物，并成为它的属性。思维正如我已经说过的是感知自身的存在，因此在广延中发生的一切同样必然在思维中发生；每一个真正的个体根据它的杂多性和统一性或者根据它由之而成为它之所是的力被赋予了灵魂。在个别的事物中，思维必然与诸表象相联结——因为个别的事物如果缺少对它的诸关系的感觉，却感知到自身的存在，是不可能的。”

“你在宿命论里接受的东西对我来说足够了，因为人们不再需要说明罗马的圣彼得大教堂建造了自身；牛顿的发现是通过
他的身体得以实现的，而灵魂只能注视这一切。由此可以进一步 78
得出，一个个别的事物只有通过另一个个别的事物才能产生出来；这一个又通过另外一个才得以产生，如此以至无穷，然而你需要一个第一因和它起作用的确切时刻。现在回忆一下我刚刚引用的原理。能请您最终答复这些原理的要点吗？”

斯宾诺莎：“我一澄清我对彼得大教堂和牛顿新发现的看法，就会答复。罗马的彼得大教堂没有建造自己，物质广延的整个宇宙所包纳的一切对它做了贡献。至于牛顿的诸发现则涉及思维能力……”

“很好！但是被限定的思维（你将之称为灵魂）只是身体的理念或概念，或者从思维的角度来看只是身体本身。因此，牛顿的灵魂具有来自牛顿身体的特点。因此是他的身体——尽管它不具有思想——，完成了那些由牛顿的灵魂观察、理解、感知或者思维到的发现。”

斯宾诺莎：“虽然你以有些歪曲的视角考量了这个问题，我还是想让你坚持你的结论，如果你愿意记住整个宇宙的运行完

全是为了在一切时刻给牛顿的身体以特征；记住灵魂仅仅借助
79 那个给予身体特征的东西的概念获得了它对身体的概念。这个
重要的评论并不会阻止想象力去反对我断定的真理。告诉一个
不是几何学家的人说：一个受限定的四边形等同于一个无限的
空间。在你给出证明之后，他仍然会感到很迷惑；但是经过深刻
的思考，他最终会摆脱困扰。[①]甚至在一定程度上说使想象力与
我的学说协调一致不是不可能的，倘若人们以正确的方式处理
这个任务，并且展现从野蛮人的冲动、返回遮风挡雨的树木或洞
穴，到建造圣彼得大教堂的渐进的过程。请反思一下政体组织，
尽管错综复杂，然后找出是什么使它们合为整体；人们对此思考
80 得越深，挖掘得越深入，就越会知觉到一种单纯盲目的动因以及
机器的整个运作方式——当然这种机器类似于亲手操控的机械
装置，在其中力按照需要和能量的强度组合自身；在其中所有的
发条都感知到它们的作用，并且通过相互的努力在必然、无限的
进展中相互传达这种感知。以上所述同样也适用于语言，语言的
整个构造就像一个奇迹，然而没有任何一种语言能脱离语法的
协作而生成。如果我们考察得精确一些，就会发现行动先行于思
考，而且思考只是行动的继续。简而言之，我们只知道我们做了
什么，再不能知道更多。

现在谈谈你主要的看法。你断言：人们不能从原因到原因以至无穷，相反必然存在一个时刻，存在一个纯粹第一因的行动的开端。相反我断定，人们从原因到原因只能进入无限；这意

① 《索菲勒》，第 68 页。——原注

味着，如果不预设虚无产生某物的话，人们就不能预设行动绝对的、纯粹的开端。这个仅需通过说明而被把握的真理同时也能经受住最严格的论证。因此第一因不是人们通过所谓的中介因就能攀升达到的原因：它完全是内在的，它在广延和持续时间的每一个点上同样地起作用。我们称之为神或者自然的第一因，按照所谓的根据（由此，第一因存在）起作用；并且因为不可能存在一个它实存（Dasein）的根据或者目的；同样也不可能存在一个它行动的根据或者目的。”

这时候，我离开斯宾诺莎，迫不及待地投入到一位高贵者的
怀抱中，他曾说：甚至发生在只渴望提升、未来与完满的灵魂中 81
的偶然现象，都比任何一个几何学证明更好地证明了神性。[①]一
段时间以来，我将注意力全部倾注在称之为信仰的立场之上。您
知道柏拉图曾给狄翁的朋友写信说道：当涉及神圣的东西，对主
体的表达绝不能像其它研究那样诉诸语言。要熟悉这一主体，
则必须长时间地参与学习关于主体自身的知识，并密切地陪伴
主体，突然地，如同由跃动的火星点燃的大火，从灵魂中生成并 82
即刻自我维持。您在《阿瑞斯泰俄斯》中说了几乎相同的东西，
即：“情感的信念作为其它所有信念的源头，在本质中产生，并且
不能传达。”[②]但是，这种为这个信念奠定基础的情感不是必然存

① 《阿瑞斯泰俄斯》，第168页。——原注

② 《阿瑞斯泰俄斯》，第160、170页。——原注

在于世人当中吗？而且通过清除那些阻挡它产生效果的障碍，它不是应该能够在一定程度上让那些看起来似乎匮乏这种情感的人流露出些许这种情感吗？在反思这一主题时我意识到：这个确定性的问题尚无充分的根据，却可能被过分倚重仿佛它能够引领我们至新的原理。我不想滥用您的耐心来细说我对该主题的反思。不是为了教导你，而是为了收到来自您的教导，我才拿起笔。我请求您给予我渴望的训导，使我有充分的根据驳斥斯宾诺莎反对第一因的知性及人格性、自由意志及终极因的观点。我一直未能依靠纯粹的形而上学取胜，然而揭示它们的弱点并且将其阐明还是必要的。否则，击垮斯宾诺莎的理论将毫无裨益，只要在它之中存在任何积极的东西，他的支持者将不会投降，相反他们会在崩塌体系的残骸中给自己设防，并回答我们说，我们宁愿接受显而易见的谬误，也不愿意接受那些纯然难以置信的事物，而且那不是从事哲学的方式。

应我们的女士进一步的安排，我未将信和附录密封起来就寄给了她。

门德尔松在其便函中抱怨说，我一会在这、一会在那扰乱了在他头脑中已形成的斯宾诺莎主义的概念；我信里的许多段落对他来说完全无法理解；他看不出别人如何能适应我的体系；他看到自己被领进一个圆圈中，并且他对我在内心深处是赞同无神论还是基督教持有同等程度的怀疑。

根据我的判断，其它所有的抱怨都源自最初的那一个；而且只要我们对什么是斯宾诺莎主义不能达成一致，就不能在真正
83 问题上斗争（不管是赞同它还是反对它）。通过把我写给海姆斯

特乌斯的信发给门德尔松，我认为就我这一方面来说已经在很大程度上确定了问题。尽管如此，我还是果断决定进一步向他阐述我自己的看法，但是诸多阻碍汇合在一起推迟了对这一决定的执行。

我整个冬天都没收到来自门德尔松的只言片语，后来我的朋友在二月份寄来了门德尔松写给她的信件的副本，在信中门德尔松说：事实上他并不知道是他欠我一个答复，还是我欠他一 84
个答复。当我把写给海姆斯特乌斯的信寄给他的时候，我曾承诺会给他一个专门的回复。自那之后我将门德尔松遗忘了吗？他非但没有忘记我，反而一直清楚地记着我，因此他可能希望用一个20页甚至更多页数的手稿向我证明。……他不能说这份手稿在恰当条件下会于多久以后呈现在我面前……但是同时他希望知道我是否允许他日后公开使用我的哲学信件。“现在，”门德尔松写道：“我的研究实际上不只是单纯地涉及斯宾诺莎主义，而且也是对于那些关于神的存在的普遍证明的审查。但是之后我也会考察斯宾诺莎体系的特殊根据，这对我来说非常方便，而且对许多读者也有极大的用处，如果我能使用雅可比先生生动的阐述，并且能让他代表斯宾诺莎发言的话。我希望能尽快得到答复，因为我必须相应地安排我的报告。”

我马上直接写信给门德尔松，允许他自由地使用我的信件，并且向他承诺将在下个月毫无差池地将他尚在等待的专门的回复寄给他。

随即不久，疾病突然袭来，直到三月末我才痊愈。我把这次 85
推延告知我的朋友，这样她可以将消息传给门德尔松，同时向他保证我现在实际上已经在工作了。

4月21日我将文章（即下面紧接着的）写完。我把引言删
86 去了，这恰好直接给出了如下的原因，即为何我觉得仅用一种对斯宾诺莎体系的新阐述来回复门德尔松的评论，并将**我对于这一体系的观点的**辩护确立为核心问题，会更为适宜。[1]

① 大多数引文仅仅因为这种辩护才附在文本底部。为了阐释清楚，我必须选择一些完全不同的文本。——原注

致摩西·门德尔松先生 87
——论他寄给我的便函

……我对此[①]思考得越久越深入，就越意识到如果我们要取得进展，或者至少有所触及而非进一步偏离，最重要的是我们一定要弄清最主要的问题，弄清斯宾诺莎学说本身。这是我第一 88
次阅读您的评论后所思考的，而且出于这个原因我权且把我写给海姆斯特乌斯的信件的副本视为最好的答复。这是我现在仍在思考的事情，所以现在我将尝试重新对斯宾诺莎学说做一次阐述。

I.不变的存在必然为一切变（Werden）奠定基础；未被生 89
成的事物必然为一切生成的事物奠定基础；不变的永恒的存在者必然为一切变化的东西奠定基础。

II.与存在一样，“变”不能有生成或开端；或者说，在自身之中存在的东西，永恒不变的存在者，在可变之物持存的存在者，如果缺少可变之物而仅仅自为地存在，那么无论在自身之内还

① 应为门德尔松在致雅可比的便函中向其提出的问题。——中译者注

是在自身之外，都不能导致变，因为两者以同样的方式预设了来自虚无（Nichts）的生成。

III.因此，从一切永恒之中，可变之物伴随着不变之物，暂存之物伴随着永恒之物，有限之物伴随着无限之物，而且谁预设了有限之物的开端，谁也预设了来自虚无的生成。[①]

IV.如果有限之物伴随着永恒之物来源于永恒，那么有限之物不能外在于永恒之物；因为如果它外在于永恒之物，它要么是另外一个自为存在的存在者，要么由源自虚无的存在物产生出来。

V.如果有限之物通过源自虚无的存在物产生出来，那么力或者规定（通过它们，有限之物从来自虚无的无限之物中产生
90 出来）同样自虚无中产生；因为在无限的、永恒的、不变的事物中，一切都是无限地、不变地和永恒地现实存在。由无限的存在者最初发起的行动只能根据永恒发起；而对它的规定除了来自虚无，不会来自其它任何地方。[②]

91 VI.因此有限之物存在于无限者之中，以至于所有有限之物的总括（Inbegriff）与无限之物本身是等同的，正如这个总括在每一个时刻将整个永恒，过去的东西，未来的东西以同样的方式把握在自身中。

---

① “到目前为止，任何希望通过减少物质的运动和持续时间直到一定数量和时间以便规定一切物质运动的人，都会做同样的事情，即试图使那些只能被设想为实存的物质实体没有变形（运动与静止同样是广延的永恒的、本质的样式，以及一切个别物质构造的先天因素），并使其失去它本具有的性质。”《遗著》，第469页。——原注

② 《伦理学》，第一部分，命题28……《遗著》，第25页。——原注

VII.这个总括不是构成无限者的有限之物的无意义的组合，相反它是严格意义上的一个整体，其部分只能在整体中并按照整体才能被思考。[①]

VIII.那些在事物中本质上优先的，并不会因此在时间次序 92
上优先。按照本性，物体的广延先于它的任意一个样式，尽管没
有这个或者那个确定的样式它绝不能自为地存在，这就是说，广
延之于样式，不能超出知性而在时间次序上在先。同样，思维按 93
照其本性来说先于任意一个表象，然而它不可能是现实的，除非
通过某个特定的样式，就是说在时间次序之中，同时伴随着这个

① 以下段落来自康德，它们完全符合斯宾诺莎的精神，因此有助于阐述。

“我们只能表象一个唯一的空间，并且，如果我们谈到很多空间，我们只把它们理解为同一个唯一的空间的各部分。这些部分也不能先行于那唯一的无所不包的空间，仿佛是它的组成部分（由它们才得以组合起来唯一的空间）似的，相反，它们只有在唯一空间中才能被设想。空间本质上是唯一的，其中的杂多、因而就连诸一般空间的普遍概念，都只是基于对它的限制。”《纯粹理性批判》，第 25 页。

“时间的无限性只不过意味着，时间的一切确定的大小只有通过对一个唯一的、作为基础的时间进行限制才有可能。因此，时间这一本源的表象必须作为无限制的而被给予出来。但它的各个部分本身，以及一个对象的每个大小，都只有通过限制被确定地加以表象，于是，这整个表象都必定不是由概念给予的（因为在此，部分表象是先行的），而是必须由直接的直观来为它奠定基础。”《纯粹理性批判》，第 32 页。

为回应康德的这些言论，我将给出斯宾诺莎的如下定理……参见《知性改进论》，《遗著》，第 390 页。

我还不自禁地复制了斯宾诺莎《形而上学思想》（Cogitatis Metaphysicis）中的另一段文字，它十分有助于阐释前文，尤其是后两句话，并对整个内容给以新的理解。“……因为探究事物的本质是一回事，探究事物被人感知的样式是另一回事，如果这两件事纠缠不清，那么我们既无法理解感知的样式，也无法理解本质自身。”

下面我将涉及斯宾诺莎自己的证明，即他的无限实体不是通过部分组合在一起的，而是绝对不可分的，并是最严格的意义上的“一”。——原注

或者那个表象。

94 IX.下面的例子可以更好地解释事物，并且可以把我们引入到关于事物的清晰概念中去。

让我们假设广延的一切样式都能够还原到所谓的四元素水、土、气、火上去，并终结于其中。现在物体的广延可以与水这个元素一同被思维，而无需广延为火；可以与火这个元素一同被思维，而无需广延为土；可以与土这个元素一同被思维，而无需广延为气等等。但是，如果不预设物体的广延，这所有的样式自身都将不可思维，据此，在任意一个元素中，广延就其本质而言都是最初的存在者，是真正的真实，是本质，是能动的自然（natura naturans）。

X.最初的——不仅在广延的事物中最先，也不仅在思维的事物中最先，而是在各种不同的事物中最先，确切地说在一切事物中亦是最先——原始的存在者（Ur-Sein）是普遍存在的、不变的、现实的存在者，它自身不能是属性，相反其它的一切都只不过是它占有的属性，斯宾诺莎把这个所有存在者当中唯一且无限的存在者称为神或者实体。

XI.因此这位神不属于任何哪一类事物，他既不是分离的、单独的、有差别的事物，[①]也不具有区分个别事物的诸规定；同
95 样，自身特殊的思想或者意识，以及特殊的广延、形状或者颜色，

① “……在这里需要注意的是，就我们把神与其它的存在者区别开来而言，神能够被称为一。但是，就我们设想只能有唯一一个同一的自然而言，神是唯一的。实际上，如果我们希望更加精确地考察物质，我们或许可以指出将神称为一且唯一是极为不恰当……”《遗著》，第557页。——原注

或者通常所说的并不只是原初物质、纯粹质料或者一般的实体的都不能归属于神。

XII. **规定即否定，也就是说规定被赋予给事物，并不是就事物的存在而言。**[①] 因此个别的事物就其仅仅存在于某个特定的样式中而言是非实体；而非特定的无限的存在者则是唯一真实 96
的存在，即是说它是一切存在，离开它没有存在。[②]

XIII. 为了让事情变得更加清楚，并且为了澄清出现的关于神的知性的难点，使它不再模棱两可，让我们通过一些悬挂的线尾抓住术语的面纱（斯宾诺莎发现他的体系很适合被包装其中），并立即揭开它。

XIV. 按照斯宾诺莎的说法，无限的广延与无限的思维是神的属性。两者只是共同构成了一个不可分的本质，[③] 因此不管人们通过这两个属性中的哪一个去思考神同样都是有效的，因为概念的秩序与联结和事物的秩序与联结是同一的，并且根据神的无限本性在形式上产生自身的一切事物，也必然从中客观地产生自身，反之亦然。[④]

① 第 50 封信，《遗著》，第 558 页。——原注

② 《知性改进论》，《遗著》，第 381 页。——原注

③ 《伦理学》，第一部分，命题 10。——原注

④ 《伦理学》，第二部分，命题 7：“观念的次序和联系与事物的次序和联系是相同的。附释：在进一步讨论以前，我们必须回溯我们已经证明过的，凡是无限知性认作构成实体的本质的东西全都只隶属于唯一的实体，因此思想的实体与广延的实体就是那唯一的同一的实体，不过时而通过这个属性，时而通过那个属性去了解罢了。同样，广延的一个样式和这个样式的观念亦是同一的东西，不过由两种不同的方式表示出来罢了。这个道理有些希伯来人似乎隐约见到，因为他们说：神的理智与神所知的对象是同一的东西。”《遗著》，第 46 页。——原注

97 XV.个别的、变化的、物体性的事物只是无限广延中运动与静止的样式。[①]

XVI.运动与静止甚至是无限广延的直接样式,[②]并且与之同样是无限的、不变的和永恒的。[③]这两个样式共同构成了一切可能的物体形态和力的本质形式;这些样式是这些形态和力的先天部分。

XVII.无限、绝对的思维的两个直接的样式(意志与知性)[④]与无限广延的这两个直接的样式相关;思维的这些样式客观地包含着广延的样式形式上所包含的东西,而且它们在任一情况下在广延的自然和思维的自然上先于一切个别事物。

XVIII.无限、绝对的思维先于无限的意志与知性;只有前者能归属于能动的自然,而后者则归属于被动的自然。[⑤]

98 XIX.能动的自然,即**被视为自由因**或者无限实体的神,除开它的影响以及就其自身被思考,即就其真理被思考而言,并不具

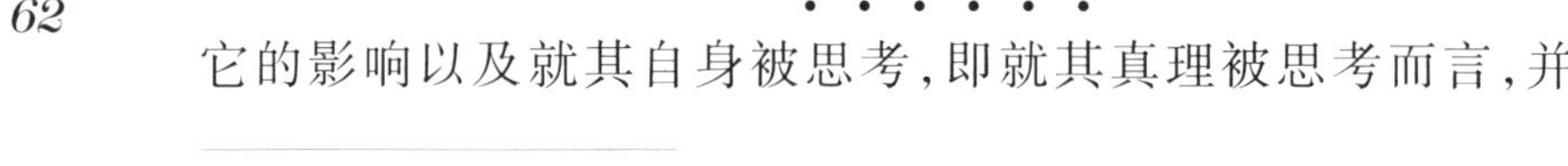

① “物体间的相互异同是由于动静快慢,而不是由于物体。”《伦理学》,第二部分,命题 13,补则 1。——原注

② 第 66 封信,《遗著》,第 593 页。——原注

③ 《伦理学》,第一部分,命题 21,22,23。运动与静止彼此是对立的,而且这二者不能互相生成。因此,神必然是它们的直接原因,正如他是广延和他自身的直接原因一样。第 70 封信,《遗著》,第 596 页;第 73 封信,《遗著》,第 598 页。——原注

④ 《伦理学》,第一部分,命题 32,绎理 2:“由此推知,第二:意志与理智同神的关系正如运动和静止以及所有一切自然事物同神的关系一样……”——原注

⑤ 《伦理学》,第一部分,命题 29,附释:“我们应当可以明了,能动的自然是指在自身内并通过自身而被认识的东西,或者指表示实体的永恒无限的本质的属性,换言之,就是指作为作自由因的神而言。但被动的自然则是指出于神或神的任何属性的必然性的一切事物,换言之,就是指神的属性的全部样式,就样式被看作在神之内,没有神就不能存在,也不能被理解的东西而言。”《遗著》,第 27 页。——原注

有意志或知性，不论意志、知性是无限的还是有限的。[①]

XX.这些不同的事物如何能够彼此同时存在，而且**根据自然**如何能够先后存在，按照之前的论述，就不需要再重新解释了。

XXI.到现在为止，已经被足够清楚地证明了的是：在个别的物体性的事物之外不可能还存在一个特殊的、无限的运动与
静止，以及一个特殊的、无限的广延；同样，按照斯宾诺莎的原 99
理，在有限的、思维的事物之外不可能还存在一个特殊的、无限的意志与知性，也不能存在一个特殊的、无限的、绝对的思维。

XXII.但那质疑的阴影、进一步追问的可能，都荡然无存了，让我们再考察一下斯宾诺莎关于有限知性的学说。我通篇都基于我写给海姆斯特乌斯先生的那封信，此处尤甚。我在信里就诸多论题做了清晰得多的阐释，因为我只需呈现那个学说的内容。

XXIII.有限的知性或者无限、绝对的思维的“以另一个样式为条件的样式”源自现实存在的个别事物的概念。[②]

① 《伦理学》，第一部分，命题 31：“现实的理智，无论是有限的或无限的，也同意志、欲望、爱情等一样，必须算作被动的自然，而不能算作能动的自然。”《遗著》，第 27—28 页。

② 《伦理学》，第二部分，命题 11 和命题 13。

斯宾诺莎对人的知性所做的阐释，按照他的学说，必然也适用于其它任何一个有限的知性。对此，人们可以参看刚被引用的《伦理学》第二部分命题 13 的附释，它的重要性并不止一个方面。

很明显，概念对象的不同本性相关于知性而言并不能引发本质的变化；而且在斯宾诺莎归属于无限实体的无限属性之中，除了无限的思维自身以及它的诸样式，没有什么再属于思维的自然。因此，它们必然完全地与思维的自然相关，正如物体的广延与之相关一样，也就是说，当它们仅仅自为地被考察，就只能被视为单纯的观念，而且它们当中个别的东西只是概念的对象——并且如果谈论直接的概念，那么对象只

100 XXIV.个别的事物不能是其概念的原因,正如概念也不能是个别事物的原因;或者说,思维不能来自广延,正如广延不能来自思维一样。广延与思维是两个完全不同的本质,然而却存在于
101 一个事物中;就是说,它们是同一个东西,是同一的,只是这“同一个东西”被视为处于不同的属性之下。

XXV.绝对的思维是普遍的存在中的,最重要的是存在或者实体中的纯粹、直接和绝对的意识。①

102 XXVI.因为在实体的属性当中,除了思维,我们只拥有物体广延的唯一表象,因此我们只能接受这两个属性,而且我们可以说:因为意识与广延不可分地联系在一起,那么在广延中发生的

是这些概念的躯体。因此我不会进一步考虑其余那些我对之完全无知的属性,除非具有这些属性的东西真的存在,相反,我将只关注人的灵魂的唯一对象,只关注身体。此外,灵魂－身体的关系能够引发一个非常重要的考察,但我不会着手这个事情,而只是在这里指出,斯宾诺莎关于神的无限属性的学说,连同如下的事实:我们在我们的身体之外、在源自身体的概念的东西之外什么都认识不到,是斯宾诺莎哲学体系真实意义的显著标识。——原注

① 我写给海姆斯特乌斯的信中所用的法语表达 le sentiment de l’ettre 更纯粹、更恰当;因为“意识”这个词似乎包含某种“表象”、“反思”的东西,而这里并没有这些含义。下面康德的一段文字或许可以略微阐明这一问题。

“如果没有这样的意识的统一性,这种统一性先行于直观的一切材料,并且对象的一切表象只有联系着它才是可能的,那么,没有任何认识能够在我们之内发生,没有任何联结以及诸认识彼此之间的统一性能够在我们之内发生。现在,我将这种纯粹的、本源的、不变动的意识叫作先验统觉。如下事实已经清楚地表明了,这种统觉理应获得〔‘先验统觉’〕这个名称:即便最为纯粹的客观统一性,即(空间和时间这些)先天概念的客观统一性,也只能经由这些直观与该统觉的关联才是可能的。因此,这种统觉的数的统一性先天地处于一切概念的基础的地位,正如空间和时间的杂多性先天地处于感性直观的基础的地位一样。”《纯粹理性批判》,第 107 页。——原注

一切必然也在意识中发生。

XXVII.我们把对一个事物的意识称为它的概念，这个概念只能是直接的概念。

XXVIII.直接的概念就其自身且只是自为地被考察而言是无表象的。

XXIX.表象生成于间接的概念，并且依赖间接的对象，就是说，哪里有表象，哪里必然有一些彼此关联着的个别事物；有物内在就必然有物外在。

XXX.关于现实存在的个别事物的无中介、直接的概念被称为这一个别事物的精神、灵魂（mens）；个别事物本身，作为这个概念无中介、直接的对象，被称为身体。[①]

XXXI.灵魂感受在自己身体内觉知到的所有身体外的他 103
物；而且灵魂只有通过身体所接受的性状（Beschaffenheit）的概念才能觉知到这些东西（绝无其它方式）。因此，如果身体不接受任何性状，灵魂将什么也觉知不到。[②]

XXXII.另一方面，灵魂不能觉知到它的身体——它既不知道身体就在那里，也无法以任何方式意识到自己——灵魂只有通过它接收到的身体之外的事物性状，借助于性状的概念才能

① “构成人的灵魂的观念的对象只是身体或某种现实存在着的广延的样式，而不是别的。”《伦理学》，第二部分，命题13。关于直接和非直接的、中介和非中介的概念的差别的讨论，我们可以参看《伦理学》第一部分命题17的附释。——原注

② “……事物的意象即是人体自身的感触，或者因为人体受外界原因的激动而渐倾向于做这事或那事的状态。”《伦理学》，第三部分，命题32的附释。对此人们可以参看在上面引用的命题17的附释，以及命题16的绎理2。——原注

认识自身。[①]因为身体是以这样一种方式被规定的个别事物，以至于只有根据、凭借且居于其它个别事物当中才能实现实存并在实存中保持自身；因此若缺乏外在性质，即缺乏身体与其它外在之物杂多的关系，以及这些东西与它的关系，它的内在性质是
104 不能存在的——如若没有诸多性状不断的变化，那么身体既不能存在，也不能被思考为现实地存在着的。

XXXIII.关于身体的直接概念的直接概念构成了灵魂的意识，并且这个意识与灵魂相统一的方式和灵魂与身体相统一的方式是相同的。就是说，灵魂的意识表达了概念的某个确定形式，就像概念本身表达了个别事物的某个确定形式那样。[②]但是，个别事物，它的概念以及关于这一概念的概念完全是同一个东西（这个东西只有在不同的属性和性状之下才能被评判）。[③]

XXXIV.因为灵魂仅仅是身体的直接概念，而且与之是同一个东西，那么灵魂的卓越也只是它的身体的卓越。[④]知性的能力
105 按照表象或者客观地讲只是身体的能力；同样意志的命令也只

① “人的灵魂除了通过人的身体因感触而起的情状的观念外，对于人身以及人身的存在无所知觉。”《伦理学》，第二部分，命题19。

“人心只有通过知觉身体的情状的观念，才能认识其自身。”同上，命题23。——原注

② 《伦理学》，第二部分，命题21及其附释。——原注

③ 同上，命题21，附释。——原注

④ 对于这一点斯宾诺莎做了最庞杂、详细的阐释。我只涉及《伦理学》第二部分命题13的附释以及命题14；第三部分命题2卓越的附释部分，命题11及其附释；之后我注意到第三部分命题28的这句话：“但灵魂的努力或思维力量与身体的努力或行动力量是同样大的，而且两者就性质说是同时的。”关于情感的一般定义的解释可参看《遗著》，第160页。——原注

是身体的决定。[1]所以，灵魂的本质客观地讲也只是它的身体的本质。[2]

XXXV. 每一个个别事物都预设了其它的个别事物，直到无限，并且没有哪个个别事物能够直接起源于无限。[3]因为概念的秩序与关系和事物的概念与关系是同一的，所以个别事物的概念也不能直接起源于神，[4]相反它获得存在的方式与每一个个别的事物一样，并且只能与一个特定的作为物体的东西同时存在。 106

XXXVI. 个别的事物间接地来源于无限者；这是说，或者它们因为神直接的分殊或者由于神本质的性状而被神创造出来。但是这些事物与神一样都是永恒和无限的，而神是它们的原因的方式，与神是他自己的原因的方式是一样的。因此，个别事物**只能（直接）以永恒的、无限的方式**，而非瞬时的、有限且暂时

① 在《伦理学》第三部分命题 2 的附释中，我们读到："这一切都足以明白指出，灵魂的命令、欲望和身体的决定，在性质上，是同时发生的，或者也可以说是同一的东西，当我们用思想的属性去观察，并且用思想的属性去说明时，便称为命令；当我们用广延的属性去观察，并且从动静的规律去推究时，便称为决定。这点往后还可更为明了。"《遗著》，第 100 页。——原注

② "灵魂只有就它在永恒的形式下认识它的身体的本质而言，换言之，只有就它是永恒而言，它才能在永恒形式之下认识事物。"《伦理学》，第五部分，命题 31 的证明。——原注

③ 《伦理学》，第一部分，命题 28。——原注

④ 因为这在斯宾诺莎体系里具有无限的重要性，我不得不再一次重申，在绝对的思维（它在概念中具有绝对的优先性并且没有任何表象）之外，其它的每一个思维必然与现实存在的个别事物及其性状的直接概念相关，并且只有在这个概念中才能被给予，以至于在个别的事物现实地存在之前，绝对不可能存在关于这些事物的任何一种概念。然而，个别事物自永恒以来就存在，而神除了以现在并且仍将永远先于它们存在的那种方式，简而言之，即如其所是，绝不以别的方式先于它们存在。——原注

的方式起源于神，这就是它们互为根据的唯一方式：通过相互衍生和毁灭，并不因此损耗它们在其**永恒**的存在中的持存。

XXXVII.这同样适用于个别事物的**概念**；就是说，除非像物体的形态那样通过无限的运动和静止，在无限的广延中**完全同时、并且总是同等现实地存在**，否则它们不能以任何方式被神创造，也不能以任何方式存在于无限的知性中。[1]

107 XXXVIII.因此就神是无限的来说，在他之内并不存在个别的、现实存在的或者完全特定的东西的概念，然而在神中存在一种由神创造的概念，因为这样一个个别事物以及与其相关的概念在神中当即生成，就是说，这个概念仅此一次与个别事物同时存在，而且在这个“一次”之外，这个概念完全不会存在于神之内，既不会与个别事物同时，也不会先于或者后于个别事物存在于神之内。[2]

108 XXXIX.一切个别事物相互预设，而且相互发生关联，以至于其中一个事物若没有其余一切事物既不能存在，也不能被思考，而其余一切事物若没有这一事物同样如此。这意味着，它们共同构成了一个不可分割的整体；或者，更准确地、而且恰当地来讲，**它们共同存在于一个绝对不可分的无限事物中**，**且只能**

① 《伦理学》，第二部分，命题 8：“不存在的个别事物或样式的观念必定包括在神的无限的观念之内，正如个别事物或样式的形式本质被包括在神的属性之内一样。”亦可参见《遗著》，第 47 页。——原注

② 《伦理学》，第二部分，命题 9：“一个实际存在的个别事物的观念，以神为因，非就神之为无限而言，但就神之分化为另一个实际存在的个别事物的另一观念的分殊而言，而此另一观念，也以神为因，但就神之分化为第三观念的分殊而言，如此类推，以至无穷。”另可参见《遗著》，第 47 页。——原注

如此。[①]

XL.物体共同存在于其中的绝对不可分的本质，是无限且绝对的广延。 109

XLI.所有概念共同存在于其中的绝对不可分的本质，是无限且绝对的思维。

XLII.这两者属于神的本质，并且在这个本质中被理解。因此很明显，神既不是有广延的、物体性的东西，也不能被称为一个思维着的东西。相反，神这同一个实体既是广延的，同时也是思维的。或者换句话说，神的任意一个属性都不以一个特别的、被区分的真实之物为基础，因而可以被视为彼此外在地存在着的东西（它们每一个自为地拥有自身的实存）。相反，它们全部只是实在性，或者只是同一个真实事物即那个先验的存在者的实质的、切实的表达，这一先验存在者确实只能是独特的唯一，

① “如果物质的一部分被废止，那么与此同时整个广延将消失。”《遗著》，第404页。

关于这一重要的观点，请参阅《伦理学》第一部分命题12和命题13，尤其是命题15的附释。另外参阅一封值得关注的信件《论无限——致迈耶》，《遗著》，第465页；另一封同样值得关注的信件《论整体与部分——致奥尔登堡》，同上，第439页，以及未注明收信人的第39、40和第41封信，《遗著》，第519—527页。

很难理解人们怎么会反对斯宾诺莎，说他让非受限制的存在者从受限制者的总括中产生出来，以及他的无限实体只是有限之物荒谬的综合，因此它空洞的统一性只是单纯的抽象。我认为，很难理解人们怎么会指控他犯下这类错误，因为他的整个体系恰恰是从对立立场产生的，而且这一对立立场是推动整个体系的法则。此外，哲学家中没有谁像他那样谨慎，不将实际只是思维的样式或者单纯的有理性的存在者接受为真实的或赋予它们真实。“整体先于部分是必然的”已经是亚里士多德的普遍准则，这位思想家的王者当然知道把这条准则运用在普遍本质的非现实的整体之上（《政治学》第二章）。斯宾诺莎彻底遵循了这一崇高的、成果丰富的准则。——原注

一切事物必然在其中相互渗透，并必然地成为一个“一”。

110 XLIII.因此神及其本质的无限概念，还有根据其本质所必然得出的一切的无限概念，仅仅是一个唯一的、不可分的概念。[①]

XLIV.这个概念既然是唯一且不可分的，它必然处于整体之中，正如它也处于每一个部分之中那样；或者说，每一个物体的概念或个别事物的概念不管怎样必然**完全且完善地**在自身中包含了神的无限本质。[②]

在这里我的阐释结束了。通过它以及我写给海姆斯特乌斯的信，我相信我已经充分回答了您文章里提出的所有根本性的问题；现在我将以与我自身相关的两个要点来作为结论，对此我不会像略过其它要点那样避而不谈。

您说：“我略过了一些有趣的奇想。通过这些奇想我们的莱辛接下来会和您打趣，而且很难说这些奇想是玩闹还是哲
111 学……您在手稿的24、25页[③]里让他言说的一切实属这一类：他

① 请将《伦理学》第二部分命题3和命题4与同为第二部分的命题45、命题46和命题47相比较，并与第一部分的命题30和命题31相比较。——原注

② 《伦理学》，第二部分，命题45、46、47以及各自的附释；请将其与同一部分的命题3和命题4以及第一部分的命题30和命题31相比较。

在这里回忆一下斯宾诺莎经常重述的证明是必要的，即一个事物的本质并不包含数，而且许多事物，就彼此享有共同点而言，是不能被视为许多事物的，相反就此而言只能被视为一个个别事物的部分。

正是基于这一根据，他构建了关于真实表象、普遍且完整的诸概念、确定性以及人的一般知性的理论，这一理论是充满才智、真正高贵的。——原注

③ 这本著作第33页。——原注

关于世界灵魂的秩序的看法，关于莱布尼茨的‘隐德莱希’[1]即所谓身体的单纯效果的看法；他对预报天气的涉猎，他无止境的寂寞，以及犹如烟花燃爆、随后就熄灭的相似的思想。”

我在信里写道：莱辛对世界灵魂所说的是，如果它存在，那么这个整体的灵魂只能是一种效果，如同所有可能体系中的任何其他灵魂一样。接下来我做了一些补充（这是由我所做的评论，而非莱辛的谈话）：“同样按照莱布尼茨的体系，隐德莱希通过身体或者身体的概念才成了精神。”这和“莱布尼茨的隐德莱希仅仅是身体的效果”的说法迥然相异。

为了给这个评论做些补充，我在书写本上记叙了莱布尼茨的如下语句；“单子，在它自身当中或者在任意一个被给予的时刻，只有通过内在的质与行动才能与另外一个单子相区分，而这些质与行动只能是它的知觉（这意味着简单的组合物之内的表象，或者对外在于它的东西的表象）以及作为变化原则的欲望（即是说从一个知觉变为另一个知觉的意向）。因为实体的单纯性根本不阻止变化的杂多性，这种杂多性必然会被一并发现于这个相同的单纯实体内，并且必然存在于外在之物诸关系的多样性之中。”

然后还有：“每一个单子连同特殊的形体构成了一个有生命 112
的实体。因此在任意一个地方不仅存在着与肢体、器官一同存在的生命，而且在单子之间也存在着无限的等级，其中一些单子统御着其它一些单子。但当单子使得感官如此协调，以至于接收到

[1] 潜在的动力，一种不可见、不可感的非物质动力。——中译者注

的印象以及表现印象的知觉都是清晰和深刻的（例如，通过眼睛中液体的形状，光线被聚集并更强烈地反应），这等同于感觉，或者说，等同于伴随着记忆的知觉——即它长久地回荡，以便让自己在必要时被听见。这种有生命的存在者被当作动物，它的单子被称作灵魂。当灵魂被提升到理性的层面，它就是某种更崇高的东西，被视为灵魂，对此后面会加以解释。”《基于理性的自然与恩典的原则》，编号2和编号4。其次，我会提到《神正论》的第124节，以及写给瓦格纳的信《论运动的身体、灵魂与动物灵魂》。

之后这一整段多余的引用，被我全部划去了，因为我意识到，我的看法显然可以在莱布尼茨的哲学里随处寻得根据。而且我赋予它的简单直接的形式，至少在一番思考之后，可能会阻碍对这一事实的认知。

而您继续说道：“因此，我对合理地撤退到您替自己提出的信仰的旗帜之下毫无兴致。它完全内在于您的宗教精神当中，这种精神将以信仰压制疑惑的义务强加于您。基督教哲学
113 家可以戏谑自然主义者，向他们提出一些疑点，这些疑点就像是鬼火诱惑他时而到这个角落，时而又到那个角落，但总是从他哪怕最有把握的攫取中溜走。我的宗教除了知道通过理性消除这种疑惑之外，不知道消除这种疑惑的其它义务；它不强迫任何对永恒真理的信仰，因此，我还拥有另一个依据去寻求信念。”

亲爱的门德尔松，我们所有人诞生于信仰之中，并且必然地停留于其中，正如我们诞生于社会之中，并留存于社会中一样：

整体必然先于部分。如果不是先前已经认识了确定性，我们如何能够追求确定性？如果不是通过某个已然确知之物，我们又怎会认识这一确定性？这便导致了一个“直接确定性”的概念，它不但不需要任何根据，而且绝对地排除了任何根据，并且**它自身只能是与被表象之物相一致的表象**。源自根据的信念是第二手的确定性。根据仅仅只是一种与我们确定的某物相似的迹象。通过根据而来的信念源自比较，并且绝不可能完全可靠与完善。现在如果每一个并非源自理性根据而被**视为真理**的东西是信仰，那么基于理性根据的信念必然自身就起源于信仰，并且只从信仰中获得它的力量。

通过信仰我们知道我们有一个身体；在我们之外，有其它的 114
身体和思维存在者存在。真切的、令人惊讶的启示啊！因为我们仅仅知觉到我们的身体具有这样或者那样的特性；但是因为我们只能这样感觉它，我们不仅意识到它的变化，而且也意识到其它一些完全不同的既非感觉亦非思想的现实事物，确切地说，通过这种确定性我们才觉察到自身，因为没有**你**（Du），**我**（Ich）亦无可能。因此，我们**只是通过我们接受的性状**才获得了一切表象；不存在达至真实知识的其它道路，因为无论何时理性产生出对象，它们都不过是空想。

因此，我们拥有自然的启示，它不仅发布命令，而且迫使每一个人信仰，并通过信仰接受永恒真理。

基督徒的宗教引导另一种信仰——但并不强制。它是那种不以永恒真理、而是以人的偶然、有限的本性为对象的信仰。基督教徒的宗教告知人们如何接受性状，人能够通过这些性状在他的实存中获得提升，使自己跃入更高的生命中，并通过这种生命跃入更高的意识；通过这种意识，跃入更高的认识中去。谁接受了这个预示，并且虔诚地朝着完善自身的方向迈进，谁就拥有
115 带来极乐的信仰。因此，这一信仰尊贵的先师（在他内心所有许诺都已应验）可以真理之名说道：我自己就是道路、真理和生命；无人走向父，唯有通过我：谁接受了存在于我内心的意志，谁就将体验到我的信仰是真实的，属于神的。

因此我的宗教精神就是：人将通过神性生命领悟神；并且存在一种高于一切理性的神的平和；不可思议之爱的享受与直观居于这种平和之中。

爱是生命，**爱是生命本身**；只有爱的性质才能与生物界的性质相区分。他，作为生者，只能通过活着的人来显现自身；只有通过被激起的爱，他才能将自己交付给活着的人去认识。所以布道者的声音也在荒野中召唤："为了消除人与神之间无限的不均衡，人必须感受到神的本性，而神性自身也要接受肉与血。"

116 陷入贫困或者变得思辨的理性，换言之，堕落的理性既不能赞扬，也不能容忍这条实践之路。它既无手足可用于挖掘，也耻于乞讨，因此它必然踏破铁鞋，去寻觅随着沉思的知性离去而离去的真理，寻觅宗教以及它的赐福——正如道德必然要去寻觅那种已经消失的对美德的爱慕；法律要去寻觅那沉沦了的公共精神以及更美好的风俗；教育学则要……。让我在此中断吧，以免被迎面而来的洪流卷走。

真理的精神与您、与我同在。

1785年4月21日于杜塞尔多夫

因为已经让门德尔松等得太久了，所以这次我把邮件直接寄往柏林。同一天晚上，我出发去旅行了，因此没有告知已经欠了我两封信的朋友。

在5月26日，我收到了她的信。在信里她告知我以下评述 117
出自门德尔松对我整个三月卧病在床这一消息的回应："我正要告知我们共同的朋友，请他不要着急回复我的评论。我已经决定在莱比锡博览会之后刊印我的小册子的第一部分。虽然我在其中主要处理了**泛神论**，但是并没有提及我们的通信往来。我将此保留到第二部分，而那需要延后很长一段时间。在回复我的评论之前，雅可比应该先阅读我著作的第一部分。请您代我向这位亲切的对手致意。"

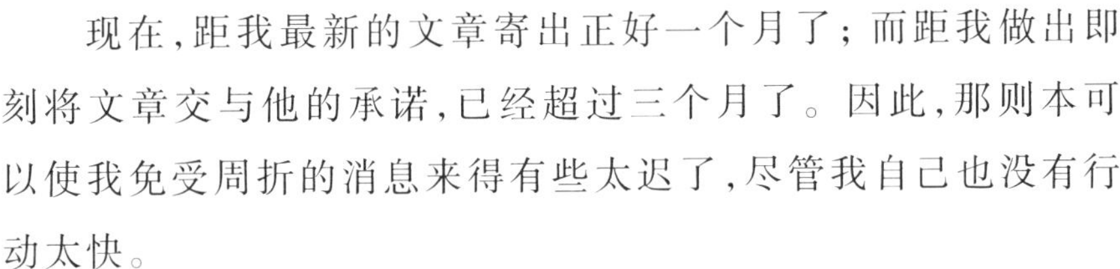

现在，距我最新的文章寄出正好一个月了；而距我做出即刻将文章交与他的承诺，已经超过三个月了。因此，那则本可以使我免受周折的消息来得有些太迟了，尽管我自己也没有行动太快。

在专门写给门德尔松的信件的附件里，我认为现在这个时间点是最为适宜的，如果斯宾诺莎的学说体系以它真实的形态、**并且按照诸部分的必然关系**公开地展示出来的话。我写道："这一体系的幽灵很久以前就在德国以各种形态作祟了，而且迷信之人与无信仰者对它怀有同样的崇敬之情……。也许我们会有幸见证一场关于斯宾诺莎死尸的争执，正如大天使与撒旦为摩西的尸首争执一样……。当我收到您的回复，并获知您对斯宾诺莎学说的理解是否与我的理解一致的时候,关于这一切我们再谈。”

我一直期望获得门德尔松的回复。在徒劳等待三个月后,
118 我渐渐地在这件事情上转为主动;我越来越倾向于借助在这里刊印出来的信件,公开这种对斯宾诺莎主义的阐释。在我看来,这种阐释在目前这个时机是必要的。

我期待着我们卓越的门德尔松讨论泛神论的著作,这种渴望越来越强烈,因为我了解它的写作原因;而且我感觉到这份了解可以使我更专注地阅读这本著作,也可能容许我更快更深入地把握它的整个内容,我有理由希望通过分享我对该局面的了解,为更多读者创造同样的有利条件。

当然了,我的论作可能会赢得额外的关注,如果和门德尔松那部关联如此紧密的著作同时面世的话。甚至于我可能由此成功地使祖国那些严肃的头脑因为我的说明而活泛起来,我万分殷切地期盼能够尽快见证。

于是我准备重阅我的文稿,并从中提取以下简要的命题,以便用最清晰的措辞对我的立场做出最终概述。

I

斯宾诺莎主义是无神论。[1]

① 我远不是将所有斯宾诺莎主义者都斥为神的否定者。正是因为这个原因,这一论证,即被正确理解的话斯宾诺莎的学说将拒斥一切宗教,对我而言就不是多余的。斯宾诺莎主义的某一幻影反而与一切类型的迷信和宗教狂热相协调,人们可以借此吹出最美的泡沫。坚定的无神论者不应该隐藏在这一幻影之下;其他的人也绝不要被它欺骗。——原注

II 119

犹太神秘主义哲学，对它的研究是非常公开的，而**据其最好的评论家小海尔蒙特**[①]**以及瓦西特**[②]所言，它作为哲学只是尚未发展的、或者新的、杂乱的斯宾诺莎主义。 120

III 121

莱布尼茨-沃尔夫哲学的宿命色彩并不比斯宾诺莎主义哲学的更少，而且会把坚持不渝的研究者带回到后者的原则中去。

IV 122

每一条证明之路都将引发宿命论。

V 123

我们只能证明相似性；每一个证明都预设了已被证明的东西，而后者的原则是**启示**（Offenbarung）。

---

① 小冯·海尔蒙特（Helmont）至少是那部1690年在阿姆斯特丹出版的作品的编辑，书名为：《哲学著作：其中包含最古老和最近哲学的原则以及对流行哲学的反驳》。——原注

② 约翰·乔治·瓦西特（Wachter）：《对卡巴拉主义的阐释或对希伯来哲学简短而精炼的回顾》，罗马［实际为海牙］，1706年。——原注

124
VI

人的一切知识的要素和有效性是信念(Glaube)。[1]

125 6月初,一位朋友写信告诉我,门德尔松正在忙着写一本著作。根据从柏林传来的消息,这本著作的题目为:《对神和创世的晨思——或者论神的实存和属性》[2]。

从这个朋友那里我现在获知的消息是:门德尔松的《晨思》(似乎这位朋友对此胸有成竹)事实上已经印刷完毕。

126 听到这个消息我再次把我的论文放置在一边,直到我能阅读我那知名对手的著作,因为现在我的文章再也无法与之同时出现了。我决定尽可能快地得到那部作品。

在此期间门德尔松的信(放在我们共同的友人的空白封面中,未密封)到了。——这不是我期待已久的回复;没有半个字相关,而仅仅只是在请求我原谅他还没有回复我那两篇重要的文章,一封写给海姆斯特乌斯的法语信,一封写给他本人的德语信。我们共同的朋友和另一个朋友是他如下事实的证人:考虑

① “谁能证明历史写照或诗意刻画中的这句或那句话,就是属于那个已经署名或就文风而言确凿无疑的作者?谁能证明,从熟人或陌生人接收而来的信是出自唯一一个人之手?但是您的情感、直觉的官能或内在于您的某种尚未被哲学和神学命名的东西会使您确信,这个东西没有名字,但它无时不在且居于所有人之内,它比世上的一切哲学与神学要有效、迅速一千倍——这个东西,时时刻刻指引您,鞭策您前进或拉您回正轨,警告和劝诫您,以最细微但最有力的方式规定您——……这个无名的、完全有效的东西是:真理感,信念的要素和原则。”——拉瓦特尔。——原注

② 当时雅可比听闻门德尔松著述的题目为“对神和创世的晨思——或者论神的实存和属性”,最终该书稿以“晨时或论神之存在的演讲”为名出版。——中译者注

到他目前衰弱的身体，他并没有对我们的争执懈怠，如果没有什
么切实的***完全阻止他工作，那么**下一次书展的目录将会支持** 127
他们的证词。他并不指望通过这一著作使我倒向他的观点。他应该少抱有这样的幻想，因为他必须承认我文章中的许多段落和斯宾诺莎著作中的一样对他来说是完全费解的。但是他希望在即将交付我评判的文章中确定下争论的情形，由此恰当地开始争论。也许这至少能让公众注意到为何如此多的事情对他来说不可理解，而且他不理解的地方越多，我努力做出的解释就越多。

门德尔松信件的真实动机在于向我索要他针对我第1封信的便函的副本，因为他已经找不到自己那一份了。幸好我将这一副本保存了下来，我很满意自己在收到信后第一时间把它寄给了门德尔松。

现在没必要再详尽地考虑我那些不得不做的事情了，因为门德尔松已经改变了将他的著作以手稿的形式传给我的计划，
并且已经突然把它给了出版社；由于连作品名我都是通过传闻 128
获知，而且我只是从书展的目录才确认这件事；并且因为门德尔松现在已经决定在这篇文章中确定争论的情形，那么，不管我曾经多么地信任我伟大的对手正直与高贵的品性，且将继续如此，我都不能仅仅委托他，完全单方面地，“引入争议，向公众展示为何如此多的事情（在我的文章中）对他而言不可理解，而且他不理解的地方越多，我努力做出的解释就越多。”

甚至我都不能承认那个争议的情形被确定下来了，其中魔鬼代言人的角色在一定程度上来说会落在我的身上，如果将要

开始的这场争论的完整动因没有同时为人所知的话。对我来说最重要的是，人们应该准确地感知到，我究竟在何种意义下接受了一部分斯宾诺莎主义，而且人们应该准确地感知到，争论的问题单纯是一个思辨哲学反对另一个思辨哲学，或者更准确地说，**纯粹的形而上学**反对**纯粹的形而上学**的问题。这按照真实的而非众所周知的意思来说就是：逃离虚空（in fugam vacui）。[①]

现在我回到上面提出的命题，对于这些命题我必须承认，我绝没有想将它们提升为主题，或者为它们抵御每一次可能的

129 攻击。毕竟在真理的王国里很多东西不能通过战争获得；为自己的东西而奋斗与慷慨高尚的交换在这里也是最富创造力的、最适宜的。对知识的贫乏幸灾乐祸有什么意义呢？——不是单纯地揭露这种贫乏，也不是以嘲弄的方式惩罚这个让你愤怒的贫乏：取而代之的，是通过天赋（Gabe）对其进行补救！通过天赋，你将把自己表现为一个拥有更多的人，并且向那些匮乏的人证明你自己。真理是清晰的，无论在何处它都与现实性、事实相关。正如只要一个人是盲的，对象就不可能通过某种艺术（Kunst）而变得对他可见，那么同样不可能的是，视力正常的人

① Copia ob fugam vacui（誊抄一份副本以免遗漏），这一表述反复出现在哈曼致雅可比的书信之中，只要哈曼记录寄与第三方的书信内容，就会采用该表述。目前这一句被理解为“郑重声明”。当前的文段中雅可比或许是在这一层意思上使用“fugam vacui”，因为他确实是想预先澄清自己真实的立场。但是，雅可比《致费希特的信》中的“in fugam vacui”（逃离虚空），却明显是指面对虚空的恐惧。——英译者注

在灯光下看不到对象，不能将自身与之区别开来。但是我们却要求谬误看到自己、认识自己，就好像它是真理一样；而且我们恐惧谬误，就好像它与真理一般强大。黑暗能够穿透光明，抹煞它的光线吗？相反是光明穿透黑暗，并且凭借不完全的照耀而让黑暗是其所是。正如昼只因为太阳而开启，夜也只因为太阳下沉而降临。

当然每个人都可以让自己的居室在正午时分也昏暗如夜，然后再将光亮投射到黑暗的逼仄边界。但是这种明亮完全不像天堂中的那般。一个意外，甚至可能是想要护住光亮的手，都能将那虚弱的火焰扼杀。即使这团火焰在摇曳不定中幸存下来，长久下来它也绝对会伤害眼睛。

不管在哪里，只要腐土覆盖的面积辽阔，那么从中升起的浓重寒冷的雾气就会遮住太阳。因此，土地恶化得越严重，就越会成为阴沉的有毒雾气的一部分。人为点燃的火焰或者沉重的炮弹可能在短时间里驱散这团雾气并且改变它的形式，但是无 130
法将其清除和毁灭。但是，如果先改善土壤，那些雾气将会自行消失。

紧跟着这篇文章会有几段谈话，我会在其中进一步探索在这里未解释的一些观点。但是我尤其要更全面地发展我自己的原理，并在各方面对它们加以比较。我会坚持将帕斯卡尔的那句名言作为我的主题：“自然迷惑了皮浪主义者，理性迷惑了教条主义者——我们对证明的无能为力，没有任何教条主义者能够

克服，我们拥有的真理观念，没有任何皮浪主义者能够驳倒。”[1]因此我声明，并将进一步声明：我们不创造自己，也不教育我们自己；我们在任何方式上都不是先天的，我们不能先天地知道什么、做什么；如果没有经验，我们将什么也经验不到。我们发现
131 自己处在这个地球上；正如我们的行为在地球生成一样，我们的知识也在地球生成；我们有什么样的道德特性，我们对所有与之相关的事物也就具有什么样的洞见。有什么样的冲动，就有什么样的感官；有什么样的感官，就有什么样的冲动。人们不能人为地设法通过理性成为有智慧的、有道德的、虔信的存在者：他必须被推动到理性上去，然后才推动自己；他必须被组织，然后才**组织自己**。到现在为止，没有哪个哲学能够改变这一安排。是时候开始自觉适应了，并不再奢望发明那种使人无需双眼去看——并且甚至能够看得更加清晰——的眼镜？

斯波迪阿斯和布利斯视死如归，从斯巴达出发前往苏萨城中，见到了海尔达尼斯。海尔达尼斯是一个波斯人，是生活在亚洲沿海区域居民的地方长官。海尔达尼斯送给他们一些礼物，款待他们，而且尝试说服他们成为他国王的朋友，变得如他那般高贵、快乐。这两个人说：“你的建议对你的经历来说是有益的，但
132 对我们的经历并不有益。如果你体验了我们享受的快乐，你会建

① 《帕斯卡尔思想录》，第 21 条。——原注

议我们为了这种快乐放弃家产与生命。”[1]

毫无疑问，海尔达尼斯嘲笑了这两个狂热分子，我们这个时代的人谁会不与他一起嘲笑他们呢？但是假设我们和海尔达尼斯是错的，那两个来自斯巴达的人不是狂热分子，那么他们一定不拥有我们缺乏的真理吗？如果在我们心中找到了这个真理，我们还会不停地嘲笑他们吗？

斯波迪阿斯和布利斯没有向海尔达尼斯说：你是个蠢蛋，精神的弱者；相反他们承认按他的标准他是智慧的、有洞见的和善的。他们没有尝试教给他真理，反而向他解释为什么不能这样做。

当站在薛西斯面前的时候，他们也没有变得更明智。这两人拒绝向薛西斯行跪拜礼，然而薛西斯并不想处他们以死刑，反而打算说服他们成为他的朋友，过得像他本人一样快乐。“我们怎能生活在这里”，这两个人说，“并且抛弃我们的国家、法律以及那些我们甘愿长途跋涉为之而死的人？”[2]

比起那位波斯长官，也许斯波迪阿斯和布利斯的思维和推理技巧有所不如。他们不依据他们的知性，他们的判断，反而仅 133
仅依据事物，依据他们对这些事物的爱好。他们也不夸大任何德行；他们只是坦白内心的感受、激情。他们没有哲学，或者他们

① 希罗多德：《历史》，第 7 卷，第 129 章。——原注

② 原文为：“Comment pourrions nous vivre icy, en abandonnant nostre païs, noz loix; & de tels hommes, que pour mourrir pour eulx nous auons volontairement entrepris un si loingtain voyage?”——《斯巴达名人字典》中普罗塔克的话语，阿米奥特译，巴黎，1574 年。——原注

的哲学仅仅是历史。

但是，除了历史，有活力的哲学还曾是别的什么吗？有什么样的对象，就有什么样的表象；有什么样的表象，就有什么样的爱好与激情；有什么样的爱好与激情，就有什么样的行动；有什么样的行动，就有什么样的原理和知识整体。是什么使爱尔维修和狄德罗学说能够被迅速而又普遍地接受？原因仅仅在于这些学说在自身内现实地把握了世纪的真理。他们所说的来自内心，必然又要回到内心。“为什么”，爱比克泰德问，“愚者可以奴役你，随心所欲地对你颐指气使？为什么他们比你强势？因为，无论他们的空谈多么死气沉沉，多么不可取，他们都是从自身切实的概念和原则进行言说；然而，那些你想要呈献的美好事物往往只是出自唇间：因此你的言说不具有力量或是生命力，听你演讲的人只会回之以呵欠，而且这同样适用于你在每一个分岔路口喋喋不休的狭隘品性。这就是为什么会发生愚者成为你的主宰那样的事。因为从内心发展起来且被人极力使之成为原则的东西，拥有坚不可摧的力量……而你在学院所设法构建的东西将如同太阳底下的蜡那样消融。”[1]

134 哲学不能创造它的材料，材料总是存在于当下或过去的历史中。如果过去的历史包含着我们不能重复的经验，我们根据过去的历史探讨哲学问题就是不恰当的。我们只能对在我们面前的东西做出可靠的判断。每一个时代都能观察在它面前的东西，分析它，比较它的各个部分，规范它的各个部分，把它们归因

① 《爱比克泰德谈话录》，例如第 16 篇谈话。——原注

于最简单的原理，并使这些原理的正确性越来越清晰、醒目，使它们的力量越来越有效。正如每一时代有它自己的真理（真理的内容好比经验的内容），每一时代也有它自己的生动的哲学，这种哲学在发展过程中展现了这个时代主导的行动方式。

那么由此得出的结论就是：人的行动必然不会起源于他们的哲学，而是他们的哲学起源于他们的行动；他们的历史并非源 135 
自他们的思维方式，相反他们的思维方式起源于他们的历史。例如人们根据当时渐渐渗透的反宗教来解释罗马共和国衰落时期罗马人的道德沦丧，就是错误的，因为渗透的反宗教的根源反而需要到道德沦丧中寻找。正如奥维德、佩特洛尼乌斯、卡图鲁斯、马歇尔那个时代的淫乱、纵情的享乐不应该算在诗人账上，相反诗人的创作应归因于那些状况。但我绝不是借此否定诗人和哲学家会有力地加强他们的时代精神，如果他们自己被这种精神充满的话。人的历史通过人产生出来，那么有些人对历史的进展贡献得多一些，有些则少一些。

因此，如果一个时代的哲学和**思维方式**应被改善，它的历史、行为方式、**生活方式**必须首先被改善，而这不会任意发生。对多数人而言，这似乎已经显而易见了，似乎还使一些德高望重的人接受了这样一种思想：由于对年迈者已经无计可施，所以他们亟需掌控住孩童，并从中培养出优势种族。这绝不是一件简单的事情，并且还存在这样一个特殊的难题，那就是我们的父辈并不支持孩子被引入其它任何一条道路，除非那是我们认为最好的道路。因此德高望重的人当中某些更为世故的人则因此被迫做出承诺，承诺（他们逐渐诚心地相信）我们的孩子确实理应以

正确的实践方式或者**因为时代的需要**受教，以此来迷惑我们。换
言之，这一句话的真实含义是**按照时代的看法和口味**（受教）。
但是如果时代的看法和口味仅仅指向舒适的生活，指向财富、优
先权和权力的手段，如果人们将整个灵魂投入到追逐这些事物
当中，由此将人性中最好的特质束缚到这样的地步，以至于人不
再意识到这些特质，那么如果这种实践教育以真正理性的方式
建构起来，其后果将是我们的后代会相当擅长且心甘情愿堕落
136 下去——因此将要降临世间的，不是仅仅为幻象的神之平和，而
是**魔鬼真实的平和**或者至少是它的前提。

137 但是这些表述仍然让人感到震惊。我们想要正直、爱国心、人的爱、虔诚——就没有别的什么了吗？可最重要的是，我们想要舒适的生活，想要完善的技能以满足虚荣心；我们想要——想要变得富有而不陷入诱惑与束缚之中，简而言之，我们看到箴言被塑造成了谎言：**一个人不能侍奉两个主**；[1]**你的财宝在哪里，你的心也在那里**。[2]

但是这则箴言没有让自己成为谎言；因为我在灵魂的最深处感知到了这一点，当我目睹现如今人们在通往善的道路上迷失了方向，拒绝将赞许、鼓舞以及感性的爱慕给予崇高与伟大，而其中有吸引力的、纯真的东西正在严重败坏……我崩溃了。就在此刻，我的孩子来到我面前嬉闹，这使我大为触动，以至于我常常想要大声呼喊：你们将成为什么样的人啊，你们这些可怜的

① 《圣经·新约》，和合本，2013 年，第 11 页。——中译者注

② 《圣经·新约》，和合本，2013 年，第 131 页。——中译者注

家伙！

“缪斯，在我面前唤醒那位年轻人吧！复仇的骆驼将毛皮交予他做衣裳；他用鹅毛笔蘸野蜂蜜，那样他的目光将更加锐利；比起地底蛇蜥的盲目爬行，他的踪迹更像蚱蜢的飞行；比起利未人的侍奉，他更偏爱皈依者的洗礼[1]……在我面前唤醒那位年轻 138
人吧！他可以责骂那些掌管着**知识的钥匙**，自己无法入内却在途中阻挡其他意欲入内的人的**教经师**；他怒斥那些轻声呢喃下述话语的俗世的智者：‘没有转世，没有天才，也没有精神’（正如你的爱尔维修在他的八开本巨著中所写的那样）——是的，唤醒那位年轻人吧，他的胆量力图与碾碎摩西尚未奉神谕举起的**蛇杖**的犹大君王媲美。”

“看呐！……然后传来一个声音：

> “学识之盐本是好的，盐若失了味，可用什么让它再咸呢？”
>
> “理性是神圣、正当和善的；但是通过理性我们只能认识罪孽深重的无知。当这种无知蔓延开来的时候，它就会擅自决定世俗智慧的权利。正如身居其中的那位智慧的先知所言：城邦的智者乃是一群充斥着世俗愚昧的傻瓜。”
>
> “但神是精神；而且哪里有神的精神，哪里就有自由。”

天命将向每个人证实它指引的道路的合理性，并且将会让

① 意指施礼约翰。——英译者注

知识即“**居于人中的神之形象**是对真理的一切洞见与善之全爱的唯一来源”再次闪耀在它的光辉中——现在这种知识几乎耗尽在幻想和狂妄之下；并且在摧毁了人性如此多的形式之后，它将揭示最终的坚不可摧的最佳形式。

精神存在于人中，全能的神的呼吸让他们充满智慧。

如果所有民族自古以来就充满着这种信念，即“**宗教是改善人的粗劣本性的唯一手段**”；并且如果一切智者自从最遥远
139 的时代以来，在还没有理性智慧而只有传统的积极学说的时候（很明显所有哲学按它自己的说法都源自这个学说），如果一切智者曾经异口同声地教导道：仅仅以世俗之物为对象的知识配不上知识这一名字；如果他们都说：人不能获得超世俗的知识，除非接受一种超世俗的信念，说神向我们的内心宣告自己，而向仅仅通过知性寻找他的人隐藏自己，说神的法则是灵魂的翅膀，灵魂可以借助这一翅膀推动自己飞跃当下的状况；如果是这样，那么以下的情况是否会是一种奇观呢？人的本性在何处沉沦，关于神的知识也在何处沉沦，并且在动物中渐渐完全消失，而这种本性在何处提升，造物主的爱也在何处变得越来越可感知，直到人们完全不可能怀疑渗透他全身的神的实存——这远远要比世人怀疑领主的现实性更不可能，尽管他可能从未亲见领主或临近他遥远的居所？

神的智慧不会进入险恶的灵魂，也不会居于屈从恶习的被奴役的身体里。纪律的精神避开谎言，远离恶的思想；这种精神将被不诱惑它的人寻到，向真心寻找它的人显现。

在神的智慧中，理智的精神是圣洁的、内在的、多样的、灵动的、正直的、纯洁的、显见的、不可伤害的、清晰的、伶俐的、慈善的、属人的、牢固的、坚定的、可靠的：它全能全知，俯瞰一切，它包含一切纯粹的、理智的精神，并且是其中最为精微的那种精神。智慧比一切运动都更为灵动，它因为自身的纯粹性触及一切，囊括一切：因为它是神之力量的气息，是全能者光辉的纯粹散发，是永恒之光的痕迹，神圣力量的无瑕之镜以及全能者的善的反映。这种智慧正如其所是，仅仅依靠自身就有能力完成一切事情，它保持在自身之中并更新一切事物，它从圣洁灵魂中升起，并且养育了神的友人和先知。 140

德行事物的理念源于对道德的享受，自由事物的理念源于对自由的享受；有生命之物的理念源于对生命的享受，与神相似的事物的理念以及神的理念源于对神圣事物的享受。[1]

请试着完全在某种道德中生长，就是说，纯粹地、不懈地执行这种道德。要么你终止于尝试，要么你将意识到你自身中的神，就像意识到你自己一样。如果你只带来了你的决心，第一种情况就会发生。因为人如此不完善和脆弱，以至于他不能找到自己的法则并坚守它们。他今日的法则是他今日的决心，他今日的决心 141

① 如果桑德森对太阳没有一个视觉概念，我不能责怪他，因为他看不到它；但是如果因为这个原因他想否定太阳，或者规定目明者与太阳有多深的关联才是正确的或错误的，他不就太离谱了吗？作为目明者的发言人，当他在进行最精微的推理时，可能是最不可靠的。《关于神学研究的书信》，第13封。——原注

就是他今天的欲望，而这欲望既不能激起也不能稳固他的意志。

他必须服从、信任，必须遵守诺言和信仰；不许自负，更不许为自负戴上王冠：这是他的第一道德，同时必然也是他的最后道德。

正如有活力的哲学或者一个民族的思想方法产生于这一民族的历史或者生活方式，这一民族的历史或者生活方式产生于这一民族的根源，产生于先前的制度和法则。所有历史皆追溯至指令与法则，而所有人类的文化史皆源自指令与法则。

教养并非来自**理性法则**或者感人的告诫，而是来自**指示**、**再现**、**典范**、**风纪**，**帮助**，**来自建议与行动**，**工作与命令**。

如果早期的人类像地底的蘑菇或淤泥里的蠕虫那样繁衍——没有卵圆孔，没有脐带——并不比现在的母体孕育更完善，那么，必然有什么在庇佑着他们。这是偶然的吗？**如果不是**，**那是什么**？

所有人都众口一词：有一位神甚至在他们存在之前，就在给予他们庇佑。

一切制度皆源自一位更高的存在者，就起源来说它们完全是神权的；对个人和社会来说最原初且最必要的需求是**一个神**。

对更高权威的完全臣服以及严格、圣洁的顺从，已经成为了
142 每个时代的精神，这种精神带来了大量的伟大行为、伟大思想意识、伟大人物。斯巴达最神圣的庙宇是献给敬畏的。

哪里对更高的权威的信仰崩塌了，个人的傲慢占据上风，哪里一切德行就会沉沦；恶习则将迅猛蔓延，而感官、想象和**知性**将会堕落。

但是这种信仰不会在人们心中崩塌，除非他们被没有法则的、并且将精神置于枷锁中的激情所迷惑。因此每个人都享有知识之树，知道何为善、何为恶。[①]

年迈的路德说：“切不可像缺乏知性的马和骡子。它们像感性动物一样仅仅服从于感觉：它们从不去往未被感知或触碰的地方。马和骡子生来就不是去理解那些不可感知之物的，因此它们也无法被那些事物触动而去爱，去悲伤。同样地，人也不会做、 143
不会允许甚至忍受任何他们不能判断和理解的事情——人没有掌握神的知性。人满足于理性正如马满足于感觉。二者都不会越出他们所能感知的。”

而赫尔德则补充说：“值得赞美的理性命令——哪里有愚人后来沉湎于凭借理性命令肆意妄为，就像蚯蚓追随自身粘液的湿痕，哪里就有自私的英雄主义与之匹配。”[②]

看一看你的孩子或者你朋友的孩子。他们在尚未理解父亲思想的时候就服从权威了。如果他们不顺从或者不服从，他们

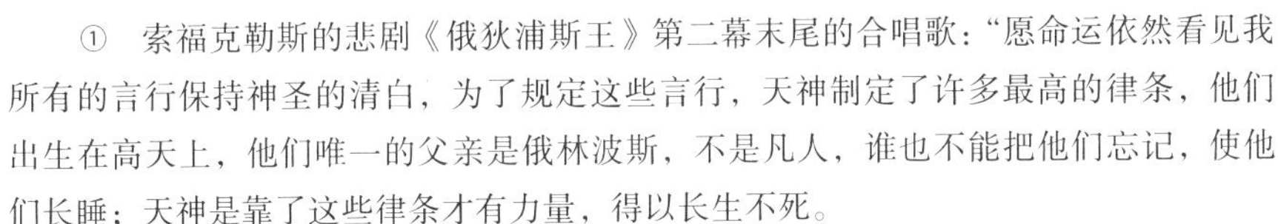

① 索福克勒斯的悲剧《俄狄浦斯王》第二幕末尾的合唱歌：“愿命运依然看见我所有的言行保持神圣的清白，为了规定这些言行，天神制定了许多最高的律条，他们出生在高天上，他们唯一的父亲是俄林波斯，不是凡人，谁也不能把他们忘记，使他们长睡；天神是靠了这些律条才有力量，得以长生不死。

傲慢产生暴君。它若是富有金钱——得来不是时候，没有益处；它若是爬上最高的墙顶，就会落到最不幸的命运中，有脚没用处。愿天神不要禁止那对城邦有益的竞赛，我永远把天神当守护神。

如果有人不畏正义之神，不敬神像，言行上十分傲慢，如果他贪图不正当的利益，做出不敬神的事，愚蠢地玷污圣物，愿厄运为了这不吉利的傲慢行为把他捉住。”——原注

② 《人类最古老的文献》，第二卷，第 26 页。——原注

绝不能在内心深处理解父亲的思想，绝不能真正地认识父亲。如果孩子们顺服，父亲的思想、他的内在生命将会逐渐地转交给他们；他们的知性将会觉醒，并且会正确地认识他们的父亲。在**充满活力的知识从生命本身中生长出来**之前，没有哪种教育艺术或者课程可以把孩子带进这个阶段。在任何领域，人的知性总是滞后出现的。纪律必然为课程做准备；服从则必然为认识做准备。

一个命令越是综合、深刻与庄严，它就越是更多地涉及人的内在本性与其提升，更多地涉及人的知性与意志，品行与知识。一个人在服从之前越是不能洞见命令的内在之善，他的理性就越是不能接受这一命令，他就越需要权威与信仰。

144 神的命令赐人智慧，
知识与聪明都由他口而出。
银子有矿，
炼金有方，
铁从地里挖出，
铜从石中熔化，
然而智慧有何处可寻？
聪明之处在哪里呢？
在活人之地无处可寻。
深渊说：“不在我内！”
沧海说：“不在我中。”
智慧从何处来呢？

聪明之处在哪里呢？
是向一切有生命的眼目隐藏，
向空中的飞鸟掩藏。
灭没与死亡说：
我们风闻其名。
神明白智慧的道路，
晓得智慧的所造。
因他鉴察直到地极，
遍观普天之下。
要为风定轻重，
又度量诸水。
他为雨露定命令，
为雷电定道路。
那时他看见智慧，并且述说；
他坚定，并且查究。
他对人说：
敬畏主就是智慧，
远离恶就是聪明。[1]

谁是主，对谁的畏惧是智慧，光与生命降临又是来自谁的指令？

他是最初的、至善的存在者吗？我们只能盲目地追随他摸

① 见《圣经·约伯记》，第28章。——中译者注

145 索吗?

盲目,只有当你双眼失明才谓之盲目!但你真的如此吗?是什么从你那里夺走了所有光?是什么诱使你用你的狂妄取代你父的教义?它是为了进一步接近无形之眼,还是使你远离?它迎合了真理抑或谎言?是精神为你指明道路呢?还是你的肉体、意志或者邪恶的欲念?

我不愿把自己的想法强加给你,迫使你承认,以使我能够对你说:回到你熟知的地方,你的意志将变得不纯;在那,你出于叛逆而非良知而背离你曾经遵循的法则;你抛弃存在于你之内的信仰;违背了你的诺言和忠诚。回头吧,涤荡自身的瑕秽,重新转向曾经被你抛弃的光明,或者转向闪耀于同一处的另一光明。从现在起开始忠诚,坚守你曾经接受的信仰(不管它的称谓是什么)。唯有抛弃你那任意的狂妄,因为这任意让你无戒律可言,就像牲口,没有光明和权利!

我说了,我不想以这种方式强迫你。但是请你接受另一个提议。

你侍奉或者说你想要侍奉某种不可见的东西。**那就让它成为荣耀吧**!

谁效忠这种荣耀,谁就会朝向**不可知之神**的祭坛宣誓。他承诺顺服一个能看透内心的存在者,因为荣耀的侍奉就在于,我们正如我们显现的那样存在着,我们不会任意地或者秘密地违背任何预设的法则;用简要而笃定的话来说,不会以上述方式违
146 背**真理**。

那么,继续前行吧,忠诚地、彻底地顺服你的不可知之神!

请在一切事情中按照你原本的样子显现自己,在任何情况下去成为你显现的样子吧!但是一定要小心不要玩弄诡计,因为你的神会看穿你的**内在**,因为这是他的本质,他的**力**。但是如果他后来没有即刻向你宣示他的名,你也没有即刻经验到谁是你的神,对谁的畏惧是智慧,光与生命流动又是来自谁的法则,那么你就在全世界面前称呼我为骗子吧,或是蠢蛋,狂热信徒——悉听尊便!

“我们在自身内有一个朋友——在我们的灵魂中有一片纤柔的圣地,在这里神的声音和意旨早已响亮、清晰地回荡,古人将之称为人的天资、卓越的天分。古人以极大的青春之爱醉心于天赋异禀之人,以极高的尊重顺从他们。基督则将之理解为作为 147
生命之光以及照亮整个身体的**清澈之眼**。[①]大卫祈求得到它,作为引导他步入笔直坦途的**生命精神**等等。现在让我们把它称为**良心**、**内感官**、**理性**、我们内在的逻各斯,或者随您想要的称谓。

① 我忍不住插入一段关于该格言的极为直接了当的评述,这段评述摘自一部最近出版的优秀著作:“眼是身体之光。这不是在物理意义上说的,但是却意味深长。眼睛为整个身体接受了光,而身体则使用这光来运作一切。如果你的眼是单纯的,那么你的身体是宁静的。如果你的眼是单纯、健康与纯正的:那么整个身体就充盈着宁静。但是如果你的眼败坏了(邪恶、虚弱、腐败的),那么你的整个身体就会陷入昏暗(手不知要伸向哪里,脚不知要迈向哪里)。如果在你之中的光是昏暗的,以一种极不哲学的,但不易被误解的方式来讲:如果本应为整个身体接受光的部位腐败了,而且不再接受光,那时昏暗将会多么彻底啊(那时你将置身于这样彻底的昏暗中),任何光也帮不了你。”

“因此这一段的清晰内容如下:人的灵魂之中有一个感官,它之于人就好比眼睛之于身体。感官如果健康,它就会为变化和工作接受可靠的光。但如果这种感官腐败了,它就会使人跌入完全的黑暗之中,而且使人不能走正确的路,做正确的事。”《关于新约的哲学演讲》,第一卷,莱比锡,1785 年。——原注在内在和外在的野蛮声响，激情的咆哮，诡辩式的非理性的叨扰逐渐使清澈之眼沉默或者迷惑清澈之眼之前，清澈之眼洪亮且清晰的言说已经足够了，尤其是在青春时期。可悲啊，那些使清澈之眼沉默和迷惑清澈之眼的人！尤其可悲的是年轻人和孩子们！他们将在这个世界上逐渐地失去他们的神，像一只迷途羔羊那样游荡，缺乏健全的道德感，甚至无法在任何一个生命体中不管是在自己还是他人中，感受到神圣性。我们只拥有那些既能**在个别也能在普遍中辨认**出来的关于神和他的天命的东西。我们越是察知（不是通过幻想和冰冷的灵魂）神如何与我们一起行动，为何与我们一起行动，神就越是我们的，越仅仅是我们的。随便饶舌之人和怀疑者攻击什么吧，**经验**推翻空话和怀疑。”[①]

再说一遍，人的知性自身并不拥有它自身的生命、它的光。人的意志也不通过知性实现。相反，人的知性是通过意志实现，如同火花来自永恒的纯粹之光，力量来自全能者。谁在这种光中
148 行走，按照这种力行动，谁就将在光亮与光亮之间纯粹穿梭，体验到他的本源和他的目的。

一切发生的事情、每一个运动和变化都来自一个意志；其中的力必然源于一个意志，这些都是一种普遍的启示，或者就是一个自然的谎言。如果存在民众的呼唤、神的声音适用的状况，那么无疑就在这里了。因此粗鲁的野蛮人比起博学的智者犯的错误要少。因为虽然野蛮人常常将外在之物与内在之物混淆起来，把形式视为事物，把幻象当作本质，但是他依然对两者有理解，

① 赫尔德：《关于神学研究的书信》，第31封信，第3部分，第89页。——原注

因此不会就**事情本身**犯错。与此相反，博学的智者仅仅认识外在之物，把幻象视为事物，把事物视为幻象，他是就事情本身犯错。

我不了解意志的本性，一个自我规定的原因的本性，也不了解它的内在可能性和法则。因为我不是通过我自身就存在的。但是我感受到了一种作为我实存的最内在生命的力。通过它我预感到我的本源，通过它的运行我获取了**单凭血肉无法向我显露的东西**。我发现自然和《圣经》中的所有一切都与这一运行相关；一切许诺和威胁都与这一运行相关，都与内心的纯净、肮脏相关。此外，经验和历史使我领悟到，人的行为对思想的依赖远远少于思想对行为的依赖；人的概念以人的行动为依据，因此概念在一定程度上来讲只是在描摹；领悟到通往知识的道路是一条彻底的神秘之路——不是三段论式的、更不是机械论式的道路。

神说——**于是就有了**——**而且万物皆善**。一位令人尊敬的 149
耶路撒冷人说："对于我们的理性而言，这种行动并没有变得更加真实、清楚。因为理性可以寻得栖息之处的唯一根据是：**全能者意愿什么，什么就会生成**。这同时是一切哲学的界限，牛顿也敬畏地站在这一界限之上。这位哲学家将服从神的意志视作有损他的尊严，却把自己抛入从一个原因到后一个原因的无限递推中，抛入他自己的世界构筑中，这样他将迷失在永恒的黑暗中，他甚至终将在此失去创造者的踪迹。"

这是神的**庄严**，神的**面容**，凡人之眼不可能触及。但是神通过他的善，降临于我们，通过他的仁慈，永恒者与我们共在；**通过人对自身生命与幸福的感受**，神向人言说，向他口吐气息给予其呼吸的人言说——我陷入沉默,陷入闪烁着感恩与欢愉的膜拜。羞愧难当,唯恐我还将寻找一条达至知识与平和的更好道路——如果有人知道,请展示给我看!——哦,愿我将坚决地疾驰在神之爱与极乐的那条唯一且庄严的道路上。

请允许我下一个结论——冒着沦为你们同党、因忠诚而受责的风险,——请允许我,真诚的拉瓦特尔,用出自你那虔诚的、天使般纯洁之口的名句为我的作品降福并封缄。

150 “我降生于世,以见证真理。人呐,看看你的使命!唯独你,虽然仅是地球的生灵,仍然忠诚并能够获得真理。每一个凡人都能窥见作为所有人快乐源泉的真理的一部分,并且是以一种特殊的方式窥见,因为其他任何的凡人都不能。宇宙通过自身的媒介向人显现出来。证明事物如何显现在我们面前,在我们的观点面前,意味着思维与庄严的行动。这就是人的使命与尊严!通过这种可靠的证明,你将对人性造成极大的影响;你将拥有极大的力量吸引那些与你最为相似的人,并将他们联合起来——把那些最不相似的人和你区别开来,并与他们保持一定距离,让他们统一起来对抗你以及所有与你相似的人。因此你将强有力地促进创世与天命的未知意旨,最原初的、终极的目的;推动一切可统一之物的统一。

谁在万物向他显现自身的时候看见了万物,谁就再也不想看见其它,除非万物像这样显现自身。谁容许真理或所有向他显示为善的事物自由作用在他身上,而不或聒噪或安静、或公开

或私密、或直接或间接地对之做出反应；谁只被动地朝向真理，
而不或激进或保守地抵制它；谁只期许真理所期许的，谁期许真
理、事物的真实本性以及它与我们的关系，期许作为一切理性的
理性、照亮一切的真理；谁在听到真理之前没有因为固执、自私、
轻率，没有因为迟钝、权势欲、卑躬屈膝将其否定，谁从不在成
熟、冷静、无偏见的反思之前妄下判断，甚至在判断之后仍能对
每一个劝诫保持开放与殷切的耳朵，以及驯服的心；谁在真理中
欢欣，不论真理是在何处、何时，被谁或通过谁而寻得，谁绝不允 151
许自己被挚友口中的错误打动，谁能急切地从死敌口中套出真
理并烙印于心，并在任何一个地方都珍视信念，而绝不会在不经
思考的情况下行动、判断或者言说，谁就是真诚的、正直的，是人
性的荣耀，他**来自真理**，耶稣基督将他称为**真理之子**。”

第二版扩展部分

（1789）

献给杜塞尔多夫的海因 155
里希·申克先生

亲爱的、尊贵的人!

请您设想一位行走在生命旅程中的老翁,他不曾乞求什么,只愿得到恩赐,一枚通向死亡的芬尼硬币,因为就像他说的:“老者理应得到一场庄重的葬礼。”

我相信,我们所有人都和这位老者一样;正如海姆斯特乌斯所言,人的创造和承袭的风俗不在于将所爱之物抱在怀中,永久、反复、热烈地放在心头;因此确切地说,人的创造与风俗不在于让自己以及亲友死后葬入风水宝地。为了安葬自己亲爱的妹妹,从未乞求过任何人的弗里德里希却甘愿向伏尔泰卑躬屈膝。

我最后的荣耀就是朋友心中的怀念——我通往死亡的芬尼硬币在您的手中。

甚好!你我都知道人们应该成为朋友,而且应该拥有朋友…… 156
那么您应该会容忍我为我们的福祉树立的纪念碑。我们生活的乐趣、力量、荣耀也是我们生活的光辉——爱超越于墓冢之上。

弗里德里希·海因里希·雅可比

157 # 前　　言

此书的新版，增补了若干篇附录。在此我首先要对其做一说明。

第一篇附录是约当·布鲁诺的巨著《论原因、本原与太一》的摘要。这位值得关注的人物生于那不勒斯王国的诺拉，具体年份不详；逝于1600年2月17日，被烧死于罗马。布鲁克尽心竭虑搜集他的著作，也只能寻得残篇。[①]长久以来他的著作部分因为晦暗不明而被冷落，部分因为阐述的观点过于偏颇而被轻视，部分因为可能包含危险的学说而被憎恶、被压制。由此人们很容易理解为何这些作品在当下踪影难寻。布鲁克只觅得著作的缩印版（De Minimo）；拉·克罗兹目前也只有《论无限与无数》（de Immenso et Innumerabilibus）一书，他给出了此书的摘要，赫曼提供了《物理学原理》的摘要；培尔也曾从布鲁诺形
158 而上学著作中摘选出独特的内容，而我则为此撰写了摘要。

所有人都抱怨此人难以捉摸，甚至比赫拉克利特还要晦涩不清。布鲁克将其与西米里族人的阴郁相比；培尔则认为布鲁

① 参见布鲁克：《历史与批判哲学》，第五部分，第12—62页，第六部分，第809—816页。我和布鲁克都确信布鲁诺是被烧死的。——原注

诺提出的那些重要原理比托马斯·阿奎那与约翰·司各脱的后继者们提出的原理还要晦暗不明、难以理解上千倍。

许多著名哲人如伽桑狄、笛卡尔和我们的莱布尼茨仍然采纳这位难以捉摸之人的思想，并且从中抽引出他们学说的重要部分。对此我不做解释。众人皆批评布鲁诺极度晦暗不明，但是单论《论原因》与《论无限、宇宙与众世界》这两本书，我并未发现有何晦涩难懂。后面这本书，我会在其它地方细致甚至繁琐地加以探讨。至于前者，我的读者可以根据我提供的样本做出判断。我的摘要多少还是可以理解的，其中我一以贯之地阐释布鲁诺自身的体系，正如阐释他的诺拉纳哲学。但是我同样会偶尔或是时常简言概括他有时极力剖析、冗言赘述的内容。

这一摘要的主旨在于通过布鲁诺对斯宾诺莎哲学的整理，159
在一定程度上完整地阐明我著作中一与一切的哲学。布鲁诺将 105
生机注入前人的著作，满怀这些著作的精神，但并未丧失自我。没有这种精神他绝不可能寻得自我。他所作的区分一针见血，他给出的综合意义同样举足轻重。哪怕倾尽才智，人们对泛神论的概述也很难比布鲁诺的概述更纯粹、更美妙。人们从各个恰当的层面考察这门学说，以便再一次对它进行全面的把握；由此进一步尽可能清晰完整地理解它与其它体系的关系，并精确地把握它的要点：在我看来，不论从何种目的考量，这都意义重大——的确，这在我们的时代几乎是必要的。

附录II　迪奥克雷斯致迪奥提玛：论无神论。因为两年以前出现了一些关于无神论的或者说反无神论的观点，我不知该如何恰当地描述这些观点，因此我向朋友们提出一个问题：无神论是否是一个毫无意义的语词,或者它的概念应该如何理解。我特意嘱托加利钦侯爵夫人,请她催促海姆斯特乌斯阐述他对这一问题的看法。由此,这一精彩绝伦的、囊括整个哲学史但又简明扼要的(我在此呈现的)论述便问世了。而这位大师的眼界、坚毅的双手与精神对于论述的整合来说是不可或缺的。

附录III 陈述一种新颖的观点,本书第15页也存在相关讨论;同时评述不朽的哈曼关于另一世界的事物的观点,并以
160 此收尾。

附录IV 关于赫尔德的上帝,论最高存在者的人格性。

附录V 再次涉及赫尔德的上帝:莱辛对斯宾诺莎的理解抑或斯宾诺莎哲学本身皆前后不一,两者皆未完全消除自身思想的混乱,这是否为真?最后,讨论以下论断:斯宾诺莎接受了笛卡尔的广延概念,并且为其所误导。

附录VI 比较斯宾诺莎与莱布尼茨的体系。两者之间的本质差别。前定和谐说的起源。斯宾诺莎与莱布尼茨同为反二元论者。由此,一方的学说与另一方的学说存在巨大的相似性。对此附上一些批判性的评论。

附录VII 思辨哲学的自然史。斯宾诺莎主义的产生。它的目的。"这一目的达成"的错觉以何种方式产生。这种错觉并不为斯宾诺莎主义所独有,相反以误解为依据,若是人们想要以某种方式解释宇宙的实存的可能性,便只能始终寻求误解,并人为地制造误解。详细阐释某种必然揭示无条件者的条件的反理性行为。推理,说明,结论。

附录VIII 加尔夫的一段文字,此处有机会援引该书的一处

论述。

第九篇附录在此序言中应占据一席之地。为了回应雷贝格先生的指责，我另辟蹊径，而雷贝格先生已经先后两次提出异议，而且我相信这样的异议声不会停歇。 161

也就是说《关于观念论与实在论的谈话》的作者与《论斯宾诺莎的学说》的作者意见相左。后者主张：“涉及纯粹形而上学时，斯宾诺莎的体系完全不容反驳。”——前者则主张：“经过多重考量拥护莱布尼茨体系，它无法与斯宾诺莎哲学相统一。”

这种指责的根据在哪里？

在我的《致门德尔松先生的书信》一书中，莱辛说：“除了斯宾诺莎的哲学，没有别的什么哲学。”我回答道：“这也许是真的。因为决定论者，如果他想始终如一的话，必然成为宿命论者：其余的届时自然会随之而至。”之后莱辛说：“现在您究竟基于什么表象来反对斯宾诺莎主义呢？您发现莱布尼茨的《基于理性的自然与恩典的原则》让斯宾诺莎主义终结了吗？”而我的答案是：“当我确信颇具说服力的决定论者与宿命论者没有什么不同时，我如何能赞同你的看法呢？……诸单子没有起到作用等等。”

那么在《关于观念论与实在论的谈话》里，有什么证据印证或者说明这种矛盾吗？确实，在这部著作里我为莱布尼茨的实体学说辩护，我尝试解释、规定真正的实体概念。现在如果决定论与宿命论的同一性因为这一学说（如果它持有根据）而被扬弃，那么我确实将陷入自我矛盾之中。但是我并不认为雷贝格

162 先生不论如何都要固守己见。[①]

可是我或许尚未摆脱困境，倘若我之前在《论斯宾诺莎的学说》这本书中的某处称这位哲人完全不容反驳，后来却仍然将与之对立的原理视为有效的话。

至于第一点，经过反复审阅、谨慎核查此书，我并未发现使之成立的根据。我在致海姆斯特乌斯的书信结尾处写道：我一直未能依靠纯粹的形而上学取胜，然而揭示它们的弱点并且将其阐明还是必要的。否则，击垮斯宾诺莎的理论将毫无裨益，只要在它之中存在任何积极的东西，他的支持者便不会投降，相反他们会在体系崩塌后的残骸中给自己设防，并回答我们说，我们宁愿接受显而易见的谬误，也不愿接受那些纯然难以置信的事物。

因此斯宾诺莎的体系所宣称的积极的东西当中很容易产生自我矛盾；他对个别事物、连续世界的实存的阐释不仅不充分，而且还以可证明的内在矛盾为依据；然而尽管如此，与之对立的理论自身的谬误却如出一辙，甚至具有特有的缺陷，矛盾较斯宾诺莎而言更为显著。

现在，《关于观念论与实在论的谈话》一书在何处提出与之相悖的表述呢？无人能够指明。这两本著作完全协调一致，
163 通篇相互支撑。此二者皆表明："我们肯定无法把握一切存在物的本质，甚至我们按照我们的表象方式不可能寻得它们的本

① 参见该书第224页附注。——原注

性。”[1]——但是此二者同样教导我们信仰（Glauben）这种无法把握的本质，并且因为这一学说而不约而同地将自身建立于内外感官统一且内容一致的明证的有效性之上。

莱布尼茨如此频繁地重申灵魂唯一的直接对象是神自身，其它所有对象只能间接地抵达灵魂，这并非毫无缘由。我已经在《关于观念论与实在论的谈话》中凭借自身的判断阐释了这位巨擘的坚实理论，不过由于清晰性不足，所以我还会借其它著述做进一步的厘清。

在此我仅仅想说明，如果一切哲学知识，因其遵循源于中介的根据律而必然始终只能作为间接的知识，那么便不难理解为何我们既无法获得最高存在者的哲学知识，也无法获得我们自身人格性与自由的哲学知识。我相信我在附录VII中已经证明了这一点，由此不仅不容置疑地确定了定理的真理：“一切证明都将引发宿命论”，而且有理由相信这一主张将使某些人忐忑不安。

但是我应该尽早更为充分地阐述关于人的自由思想，我将 164
一切理性的、通过本性（Natur）才得以塑造的对上帝与不朽的信仰建立在这一自由的基础上，因为人们有权要求我完成这项新的任务。而且雷贝格先生也通过某种方式记住我的思想，我应该予以感谢。他说：“正如雅可比先生宣称的那样，对神圣事物的感知当然无法通过理智的判断传达；它仅仅源自对内在神圣之力的情感（针对道德的完善性而言），由此通过内感官的改善

[1] 《关于观念论与实在论的谈话》，第189页。——原注

而形成。这一卓越的思想构成该作者多数著作的最终宗旨，但是并未解释为何执迷于设定这种特殊感知，那么详细阐述其范围与内容便十分必要。”[①]

为了彻底满足这一要求，我必须从根据出发，并通过联系该根据的一切后果来阐述我的思想体系，而这只能借助非同寻常的亦即批判性十足的著作。我与绝大多数同时代哲学家的表象方式存在明显的差别，即我并非笛卡尔主义者。正如东方人对动词的变化形式做出的规定一样，我以第三而非第一位格为出发点，而且我认为人们绝不能将“我在”置于“我思”之后。我们或许将走进一个时代，届时便可能勾勒著名的笛卡尔公理的深远历史。俘虏这位柏洛托士仍很艰难，但是想要将其擒获本身并没有什么风险。

165 因此，就我的职责而言，我只会履行那些由我自身现实动机引发的义务，而无须顾虑人们是否恰当理解我的观点或是某个语词该如何解释。我宁愿忍受恐水症之苦，也不愿在德国体验恐词症之哀。

① 《大众·文学》(Allg. Lit. Zeit.)，第二卷，1788 年，第 111 页。——原注

论人的自由 166

第一节　人没有自由

I.所有于我们而言的可知之物，其实存的可能性以与其它个别事物的共存（Mitdasein）为依据，并且与之相关；我们对一个完全自为地存在着的有限存在者无法形成表象。

II.实存与共存的杂多关系所引发的结果，通过感觉在有生命的受造物中显现。

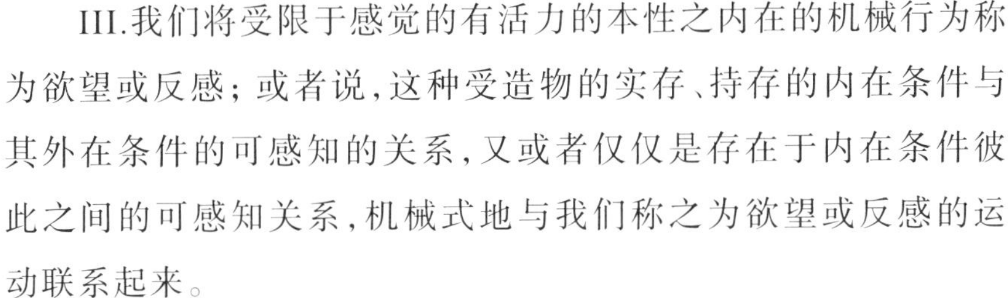

III.我们将受限于感觉的有活力的本性之内在的机械行为称为欲望或反感；或者说，这种受造物的实存、持存的内在条件与其外在条件的可感知的关系，又或者仅仅是存在于内在条件彼此之间的可感知关系，机械式地与我们称之为欲望或反感的运动联系起来。

IV.我们将为有生命的受造物的各种欲望奠定基础的东西称
为它的本源的自然冲动（Trieb），它构成了这一事物的本质自 167
身。它的任务在于维持和提升特殊本性（本源的自然冲动就是特殊本性的冲动）实存的能力。

V.人们可以把这种本源的本性冲动称为先天欲望。个别欲望中的大多数只是这个不变的、普遍欲望的偶然运用和变形。

VI.如果一个欲望归于每一个个体而不必区分种、属、性别，因为它们全都同等单纯地力争在实存中保持自身，那么就可以被称为先天欲望。

VII.如果有一种能力，它完全不受规定，那么它就是荒唐之物。但是，每一个规定都预设了已被规定的东西，它只是一个法则的结果和执行。因此，先天欲望也预设了先天法则，不论它是首要种属的还是次要种属的。

VIII.理性存在者的本源冲动就像任何其它存在者的冲动一样，要不懈地力求维持和提升特殊本性的实存能力，通过特殊本性上述的本源冲动才成为冲动。

IX.作为与其它所有本性不同的本性，理性本性的实存可以被称为人格性的实存。这种人格性的实存存在于特殊的存在者对其同一性的意识中，而且一般来说是更高程度的意识的结果。

168 X.因此理性存在者的本性冲动或者理性欲求必然致力于提升人格性的程度，也就是提升有生命的实存本身的程度。

XI.一般的理性欲望或这种理性存在者的冲动，我们称之为意志。

XII.每一个有限存在者的实存都是持续的；它的人格性基于记忆和反思；它有限但清晰的知识基于概念，因此基于抽象，基于口头的、书面的或其它的符号。

XIII.意志的法则按照协调一致、相互联结的概念即按照原理行动；意志是实践原则的能力。

XIV.理性存在者的行动只要没有与他的原则保持一致，他就没有按照他的意志行动——他的行动，根据的就不是理性的欲望，而是非理性的欲望。

XV.通过满足每一个非理性的欲望，理性实存的同一性解体了；因此仅仅基于理性实存的人格性受到了伤害，而有生命的实存的数量也相应地减少了。

XVI.有生命的实存所具有的程度产生了人格（Person），这种实存的程度只是有生命的一般实存的一种类型和样式，并不是自身特殊的实存或本质。因此，人格归于自身的，不仅有那些按照原则在其中实现的行动，还有那些作为非理性欲望和盲目 169
喜好的结果的行动。

XVII.一个人无论何时被非理性的欲望迷惑，违背了他的原则，过后在感受到自己行为的恶劣后果时就会说："是我咎由自取"。因为他意识到了他本质的同一性，由此他必然将自己视作他所处的糟糕境遇的罪魁祸首，并必然在他自身当中经历一场最为难缠的纷争。

XVIII.实践理性只要仅仅建立在一个基本冲动之上，那么它的整个体系就以这种经验为基础。

XIX.如果人只有一个欲望，那么他将根本无法理解对错。但是人有很多欲望，而且人不能以同样的尺度满足这些欲望，相反发生了无数这样的情况：如果满足了一个欲望，就消除了满足其它欲望的可能性。现在，如果所有这些不同的欲望只是唯一的本源欲望的变形，那么后者就会提供 ·种原则，按照这种原则不同的欲求之间可以被相互权衡，由此确定一种关系。按照这种关系，这些欲望可以在不使人格与自身矛盾与敌对的情况下获得满足。

XX.这样的内在权利将通过机械的方式、凭借意识的统一性在每个人心里不完善地建立起来。而外在的权利，每当人们进行民事联合时就被自由地商议，无须胁迫就被确立，它永远只是内
170 在权利的仿造，并在个别成员中公开建立。在此我参阅了所有已被我们掌握详细信息的民族的历史。

XXI.内在的权利依条件而定的较高完善性，只是机械论的延续和修正，而这种机械论只能造成较低的完善性。所有原理都依靠欲望和经验，而且这些原理就其现实地被遵循而言，已经预设了来自别处的确定的活动；这些原理绝不是行动的开端或者第一因。构建或现实地接受有效原理的天赋与技巧就好比接受表象的能力，就好比改造表象为概念的能力，就好比思想的生气与能量，就好比理性实存的程度。

XXII.一般原理的原则或者先天原则是理性存在者的根本欲求，欲求保持自身独特的实存及人格，并征服侵害其人格同一性的一切。

XXIII.对他人的自然之爱和行使正义的义务正是来源于这种冲动。理性的存在者作为理性的存在者（抽象意义上的）无法与其他理性存在者区分开来。我和人同一，他与人同一，因此他与我同一。因此人格之爱限制了个体的爱，并迫使“我”不陷入到孤芳自赏中去。但是为了避免上面这种情况在理论上膨胀到如此程度，以至于消除一切个体，使得人格中只剩下虚无，更
171 为精确的规定就是必要的。这些在之前已经涉及过，而我们在此亦无意做进一步说明。对我们来说，在这条道路上获得一些清晰的洞见已经足够了：例如那些道德法则，即所谓的实践理性确凿

无疑的法则，是如何缘起的；而且我们可以断定与理性相关的简单的基本冲动，即便发展到它的最高形式也只能表现绝对的机械论而非自由，尽管自由的幻象会因为个体与人格时常的利益冲突以及只有当与清晰的意识关联时才占据统治地位的不同幸福感，而显露出来。

第二节　人有自由 172

XXIV.不可否认，一切有限之物的实存以共存为依据，而且我们不能对一个完全自为存在着的存在者形成一个表象；但同样不可否认的是，我们更不能对一个绝对依赖性的存在者形成一个表象。这样的一个存在者本来必然是完全消极的；然而它却不能是消极的，因为任何尚未成为某物的事物不能简单地被规定为某物；在自身没有属性的事物中，没有什么能单纯通过关系产生出来，事实上，甚至连与它的关系都不可能。

XXV.但是如果一个完全中介性的实存或者存在者是不可思维的，是一个杜撰之物，那么一个单纯中介性的，即完全机械性的行动同样是杜撰之物。因此，机械论自在地只是偶然之物，并且纯粹的自主性必然无处不在地为它奠基。

XXVI.因为我们认识到，每一个有限事物在它的实存中、因而也在它的行动和激情中必然地以它物为根据并与之相关；同时我们也认识到，每个个别事物服从于机械法则，因为就这方面来说它的存在和作用是间接性的，它必然完全依赖机械论的法则。

XXVII.关于中介了事物的实存的东西的知识叫作清晰的知

识；我们不能清晰地认识不允许中介的东西。

173 XXVIII.绝对的自主性不允许中介，我们不可能通过某种方式清晰地认识到它的内在。

XXIX.因此绝对自主性的可能性是无法被我们认识的，但是它直接在意识中显示出来的现实性是可以认识的，并且通过行动是可以证明的。

XXX.绝对的自主性可被称为自由，因为它能反对并且胜过那种构成个别事物感性实存的机械论。

XXXI.在有生命的存在者中，我们只知道人被赋予了自主性意识的程度，这种程度自身携带着自由行动的使命和动力。

XXXII.因此自由不存在于无根据地做决定的荒谬能力中；它更不会存在于对有用之物的择优选择，或理性欲望的选择中。因为这样一种选择尽管依据最抽象的概念，但仍然只是一种机械的事件；相反自由本质上体现在意志对于欲望的独立之中。

XXXIII.意志是被提升到所谓的理性的意识程度的纯粹自主性。

XXXIV.事实上，所有人都承认意志的独立性和内在全能，或理智的本质对感性本质的可能统治。

XXXV.我们知道古代的哲学家，尤其是斯多葛学派的哲学
174 家，不允许比较欲望之物和荣耀之物。他们说，欲望的对象可以按照愉快的感觉进行衡量，功利之物的概念可以在彼此之间进行权衡，而且一个欲望可以因为另一个欲望而被牺牲；但是欲望的原则与荣耀的原则完全无关，荣耀的原则只有一个对象：自在的人性的完善性、自主性、自由。因此，一切违背对它们来说都

是相同的，问题一直只是：行动应该根据这两个无法比较的原则（它们绝不可能真的彼此冲突）中的哪一个发生？他们极为严格地只允许这样一种人被称作自由，这种人过着灵魂生活，按照他自己的本性法则规定自己，因此只是服从自己并且总是自觉地行动。另一方面，他们在另一些人中只看到了奴隶，这些人被欲望的事物规定，按照这种事物的法则生活，并且臣服于它们。因此他们不停地被它们驯化，为满足欲望而行动。

XXXVI.不论启蒙时代多么地超越了宗教蒙昧或埃皮克提
图和安东尼时代的神秘主义，我们都仍未触及清晰性和深刻性，
从而摆脱一切荣耀感。只要这种情感的火花残留心中，就会有对
自由无可置疑的见证，就会有存在于意志的内在全能中的坚不
可摧的信念活跃在他的心中。人们可以矢口否认这个信念，但是
这个信念居于他的良知当中，有时会突然迸发，正如在诗剧《穆 117
罕默德》中的某一处，先知在心绪不宁之时返回自身，口中念叨 175
一句可怕的话："毕竟还有悔恨！"[①]

① 雅可比引用的是法语表述。伏尔泰：《穆罕默德》第五幕第四场剧末。1740年伏尔泰向弗雷德里克展示了《先知穆罕默德的狂热主义》一书。这出戏剧将穆罕默德描述为一位不可一世的暴君，民众在他眼中如同蝼蚁，他利用这些民众的无知和迷信，横行霸道肆意欺压。其中明显暗含了一则道德教训，即成为国教的教会能够假借上帝谋取政治目的。然而，戏剧的结局是穆罕默德未能得到帕梅拉，这个他垂涎已久、不择手段妄图占有的女人。帕梅拉通过自杀逃离了他的魔爪。正是这个时候，穆罕默德才意识到，终究存在一种凌驾于他之上、也凌驾于历史中的宗教的上帝之上的力量。"她不在了；她消失了；我四处掳掠，想要的不过是 / 这一件珍贵的战利品；我东征西讨 / 铩羽而归；穆罕默德失去帕梅拉 / 痛不欲生。良知，现在我感觉到了你，/ 我感觉到你撕碎了那颗悔恨的心。/……一切都徒然无功 / 我那被夸大的权力：我欺骗了所有人；/ 可我怎么欺骗我自己的心？"——英译者注

XXXVII.这种信念不能完全地被否定,甚至口头上都不能。因为谁会愿意成为别人眼中忍住诱惑不行龌龊之事却在利弊得失的权衡中迟疑的人?我们也是以同样的方式评判他人的。如果我们发现某人将快适置于有用之物上,或舍近求远,或在愿望与抱负中自相矛盾,那么我们只会认为他的做法是非理性的、愚蠢的。如果他玩忽职守,自甘堕落,如果他非正义且暴虐成性,我们可以嫌恶他、憎恨他。但是我们不能彻底抛弃他。但是,如果他故意否定荣耀的情感,如果他表现出容忍内心的羞耻,或者不再感到自卑,我们将毫不仁慈地将他抛弃。他是我们脚下践踏的烂泥。

XXXVIII.这些无条件的论断起源于何处呢?这些无限制的预设和要求又是来自哪里呢?这些预设和要求并不仅限于行动,而且宣称拥有情感本身且不容置疑地要求它的实存。

XXXIX.我们是否可以推测这些预设与要求的合理性基于一
176 些说法,也可能基于对正确关系的洞见,以及命题"如果A=B,而且C=A,那么B=C"的推论的真理性?斯宾诺莎就是以此证明人作为理性的存在者,即使没有灵魂不死的信仰,仍宁愿去死而不愿靠谎言苟活。[1]在抽象的意义上斯宾诺莎是正确的。一个纯粹理性的人去说谎或欺骗,就像三角形的三个内角不等于两个直角一样是不可能的。但是一个真正有理性的存在者会被其理性的抽象逼至死角吗?他会因为思想之物被一个语言游戏这般彻底囚禁吗?绝不会!如果相信荣耀,如果人们信守诺言,那么与单纯的三

① 《伦理学》,第四部分,命题72。——原注

段论精神不同的另一种精神就存在于人之内。[①]

XL.我把这另外一种精神称为吐纳于泥土之中的神的气息。

XLI.这种精神首先在知性中证明了它的实存，因为没有这种精神，知性将是一个令人惊讶的机械装置：这一装置不仅可以使盲人为目明者引路，而且这种安排的必要性还能通过理性推论而被证明。当三段论规定了自己的前提，谁能够驾驭它呢？只有这种精神，通过它在自由行为与不可消除的意识中的显现能够驾驭。

XLII.正如这种意识恰好是如下一种信念：理智（Intelligenz） 177
仅仅依靠自身就是有效的，它是最高的、且是唯一为我们熟知的力，它也直接地教导我们信仰一个最原初的、至高的理智，信仰自然的理智的发动者和立法者，信仰作为精神的神。

XLIII.当纯爱的能力在人的内心中发展时，这种信仰将首次抵达完满并且变成宗教。

XLIV.纯粹的爱？它存在吗？它如何得以证明，哪里可以找到它的对象？

XLV.如果我回答："爱的原则与我们通过荣耀原则已确定的实存的原则是同一个"，那么人们将坚信他有更大的权利坚决要求我对爱的对象做出阐释。

XLVI.那么我的回答是：纯爱的对象与苏格拉底看到的对象是同一个。它是居于人之内的神圣的东西。对它的崇敬为

① 与人本身和一切冲动相分离的理性，只是既不活动、也不反应，既不思维、也不行动的思想之物。请看本书附录 VII。——原注

切道德、一切荣耀感奠定基础。

XLVII.我既不能构建冲动也不能构建它的对象。想要做到这些,我必须知道实体是如何被造的,必然的存在者是如何可能的。下文也许更能阐释我对它的实存所持有的信念。

XLVIII.如果宇宙不是神,而是造物;如果宇宙是自由理智的结果,那么每一个存在者的本源意向必然是神的意志的表达。受造物中的这种表达是受造物的根本法则,而且履行这些法则
178 的力必然在这法则中一同被给予。这种法则,作为存在者自身实存的条件、作为它本源性冲动以及它自身的意志,不能与仅仅作为诸关系的结果且完全以中介为根据的自然法则相比较。但是每一个个别的存在者属于自然,因此也从属于自然法则,因此有两种倾向。

XLIX.指向有限之物的倾向是感性的冲动或者欲望的原则;指向永恒的倾向是理智的冲动、纯爱的原则。

L.如果人们想要我进一步讨论这两条倾向,追问这样一种关系及其理论安排的可能性,我有权拒绝回答,因为这一问题以造物的可能性、理论以及无条件者的条件为对象。而这两种倾向的实存及其关系需要由行动证明并且通过理性而被认识,就已经足够。正如所有人把自由归因于自己,把荣耀仅归因于拥有自由,他们也会把纯爱的能力以及对纯爱巨大能量的情感(自由的可能性依赖于此)归因于自己。所有人都想真正地爱美德,而非爱与美德相关的利益;所有人都想了解一种并非只是快适的美,并非只是快感的愉悦。

LI.我把现实地产生于这种能力的行动称为神圣的行动;并

把这种行动的源泉和意向（Gesinnung）称为神性的意向。这些行动也伴随着一种无可比拟的愉悦：这是神在他自身的实存 179
中拥有的那种愉悦。

LII.愉悦是对实存的享受；就好比凡是威胁实存的事物必然伴随着痛苦和悲伤。愉悦的源泉是生命和一切活力的源泉。但是如果愉悦的影响只涉及暂时的实存，那么它自己就只是暂时的：动物的灵魂。如果它的对象是不变与永恒的，它就是神性本身的力量以及这种力量的战利品——不朽。

182 # 附　门德尔松先生致雅可比先生的便函①

您说:“**某个事物通过无限者中的每一个生成**(**不管人们如何将它装扮**),**通过在无限者中的每一个变化,在虚无之中被设定出来**;并且您相信斯宾诺莎因此拒绝了从无限者到有限者的每一个过渡;总的来说他拒绝了一切暂时的、居于第二位的或者遥远的原因;相反他在起点处仅仅设定了一个万物的根据,一个内在的、在自身内永恒不变的世界的原因,而且这原因总括了它的一切后果并与之同一。”在这里我遇到了一些我不能自行解决的困难。(1)如果一个没有开端的序列在斯宾诺莎看来并非不可能,那么可以确定的是,事物通过流溢方式的生成并不必然引向一种**出自虚无的变**(Werden)。(2)如果这些事物对斯宾诺莎来说是有限的,那么它们内在于无限者不比它们从无限者流溢而出更容易理解(对我来说,甚至更不容易理解)。如果无限者不能创造有限者,那么它也不能思考任何有限者。

总的来说,斯宾诺莎的体系并不适合解决这类困难。这类

① 此为雅可比在第二版中夹于正文中的附件内容,区别于后文单独的附录块。——中译者注

困难的发生不仅针对思想还针对思想的现实对象。客观上不能成为现实的东西在主观上也不能被思维。在让有限者现实地外在于神这一问题上，斯宾诺莎遇到了同样的困难；如果他把有限者转换为无限者的本质，并且将其视为神性的思想，他一定会再次遇到这个困难。 183

其后，您阐释了斯宾诺莎哲学中的一段文字（莱辛曾提到这段文字是斯宾诺莎哲学中最含混不清的——莱布尼茨[1]也认为如此，而且没有完全理解它）。您的观点正如您阐明的那样是，**无限的原因明显既没有知性也没有意志，因为它按照其先验的同一性和彻底的绝对的无限性不能有思维和意愿的对象**。您进一步阐释说您的意图只是为了指出第一因、作为无限的自然的第一因不具有个别的思想和意志的个别规定，而且您补充了理由，因为每一个个别的概念必然源于另一个个别的概念，而且和一个现实的对象直接相关。因此您只想给予第一因知性和意志的内在的、最原初的、普遍的原始材料（Urstoff）。我必须承认我不理解您的阐释，正如不理解斯宾诺莎本人所说的话。第一因有思想，但没有知性。它有思想，因为按照斯宾诺莎的说法思想是唯一的真正实体的主要属性。虽然它没有个别的思想，而只有这些个别思想的普遍的原材料。哪一种普遍在缺少个别的情况下仍然能够被理解呢？这种普遍比起无形式的物质、无形态的原始材料、比起只有普遍特征而无具体特征的本质不是更难理解吗？您说绝对的无限性没有思维对象。但这一无限性不是它的思维的对象吗？它的属性和样式不是它的思维的对象吗？而 184

① 《神正论》，第 173 节。——原注

且如果它没有思维对象，没有知性，那么思维怎么还能是它的属性，它怎么还能是唯一有思维的实体？进一步讲，它的变形或者偶然事物真的具有意志的个别规定吗？实体本身仅仅具有意志普遍的原始材料吗？在斯宾诺莎那里我至少可以理解一半。他仅仅在那些对完全无关紧要之物不确定的、无目的的选择中设定了自由意志。在他看来，这种选择就它表象了有限的存在者而言，似乎可以属于神性的变形，但是他正确地拒绝把这样一种无目的的任意归于神性本身，因为神性是无限的本质。按照他的意见，引起自由选择的善的知识一同属于知性的属性，就此而言具有一种十足的必然性。因此，按照他的理论一切后果不管它们是来自关于真与假的知识，还是来自关于善与恶的知识，必然具有相同的必然性。但是我的先生，既然您接受了决定论者的体系，甚至不允许人有什么选择，除非这选择来自对一切动因与动机的最终的实践的思量，那么我看不到您有什么理由否认无限原因具有这样一个被先行决定的永恒选择。当然，因为您否认无限性具有真实的个体性，那么意志和自由也不能归于无限性，因为这些东西预设了现实的、单独的实体性。但这不是您提及的根据；而且对我来说这似乎与斯宾诺莎的体系直接冲突，正如接下
185 来我将进一步详细阐释的那样。

按照斯宾诺莎的概念，一切在可见世界中发生的东西都具有最严格的必然性，因为它们只能以此而非其它方式依赖于神性本质和它的属性的可能样式。因此在斯宾诺莎看来，没有现实发生的东西是不可能的、不可思量的。因此，如果斯宾诺莎认为只有矛盾律（就像培尔、莱布尼茨和其他人认为的）为事物内在的可能性设定界限，那么正像莱布尼茨对所引段落的评论所说

的那样，他必然把斯居德里的所有小说和阿里斯特的虚构视为真实事件。然而，斯宾诺莎也把不包含矛盾却不以神的样式即不以事物的必然原因为根据的东西视为不可能的。在这里您看到了一条道路，通过它斯宾诺莎也会达到最完满的存在者，如果他在自由的概念上赞同决定论者的话。只有按照最完满的存在者的体系，才能理解为什么只有这个、而非别的规定序列能在神性的本质中变成现实，或者按照斯宾诺莎的表达方式来说为什么其它的规定序列是不可能的。

在此，您对**后果**和**持续性**的论述我是完全赞同的，除了我不想说它们仅仅是幻想之外。它们是有限思维的必然规定，因此必然是与单纯幻想相区别的**现象**。

您的**致命一跃**是关于本性健全的权宜之计。如果我在一段时间中披荆斩棘地攀沿思辨之路，我将尝试通过健全的思想为自己标定方向，并且至少去环顾一条能够折返的路。因为我不能否认目的存在，所以实存目的就是精神的可能属性；鉴于“实存 186
目的”就精神而言并不只是缺陷，所以它必然也属于某个最高程度的精神。因此除了思维之外还存在可以作为无限者属性的意愿和行动，而且它们必然存在。

莱辛对此的想法与他情绪的变化无常是完全一致的。他通过某种想象的跳跃好像超越了自己，但正因为这个原因他绝没有离开原地。怀疑是否不存在超越一切概念而且完全外在于概念的某物，才是我所说的“超越自身”。我的信条是：我不能思考为真的东西不会让我因疑惑而不安。我也不会回答一个我不理解的问题，因为那对我来说就如同根本没有问题。我从未想过爬上自己的肩膀，以获得更少遮掩的视野。

在莱辛的一部喜剧中，有个自认为看穿了魔术的角色说：**这个灯并非真的在燃烧，它只是显得在燃烧；它也并非真的在发光，只是显得在发光**。第一个质疑姑且有些根据，但是第二个则自相矛盾。显现的东西必然现实地在显现。每一个现象作为现象具有最高的自明性。一切思想就主观的层面来说具有十足的真实性。因此思维的力也是真正原初的力，它不能以更高的本源的力为基础。您似乎也没有特别重视莱辛这个古怪的想法。

但是当您在第21页中说：**斯宾诺莎无限且唯一的实体无法**
187 **在个别事物之外独立拥有确定的完整的实存**，您一下使我离开了我所形成的关于斯宾诺莎主义的整个概念。因此，按照这个体系，个别事物具有现实的、确定的实存，而且它们的**集合**也是一个**一**，但是却没有确定的完整的实存？对此我应该怎样理解呢？就是说我应该如何让它与您的其它言论兼容呢？

如果斯宾诺莎对自由的思考正如您下面指出的那样与莱布尼茨相同，那么他也必然承认：就最完善的原因而言，关于善和恶的知识无法不产生后果，正如关于真与假的知识一样；因此，最完善的原因必然对善感到愉悦，对恶感到反感，就是说它必然有目的，如果它起作用，必然按照目的起作用。

这是学院派哲学家与斯宾诺莎主义者相遇并且如同兄弟般地相拥在一起的地方。

在26页我遇到了一段我绝对无法理解的文字。您说思想不是实体的源泉，相反实体是思想的源泉。因此，某种非思想的东西必然被预设为先于思想的原初者；这种必然被视为先于一切

事物的东西，即使不存在于十足的可能性[1]中，至少也存在于表 188
象、本质和内在本性中。在这里我们的朋友似乎想要思考某种非思想的东西，以此跃入到理性无法追随的虚空中去。而您想要思考某种先行于一切思维、甚至最完善的知性也无法想象的东西。

在我看来，所有这些虚幻概念的根源在于您把广延和运动视为思想唯一的质料和客体，而它们只有到现实存在的程度才是思想的质料和客体。我不知道您通过什么理由把这预设为既定事实。难道思维的存在不能是它自身的材料和对象吗？每当我们遭受疼痛、饥渴、寒冷、炎热折磨时，每当我们恐惧、希望、爱、恨等等时，难道我们还不知道我们感觉如何吗？如果您把这些东西称为思想、概念，或者灵魂的情绪和效应，无须多说，在所有这些效应里灵魂既没有把广延也没有把运动视为对象。甚至这同样适用于感性的情绪：音、气味或者物体的气味真的与广延、运动有什么共同之处？我很清楚洛克已经让哲学家们习惯性地将广延、不可入性和运动视为第一性质，并且把作为第二性质的其它感官现象归于其下。然而斯宾诺莎主义者是依据什么
来接受这些观点呢？最后，难道不能存在一种精神将广延与运 189
动仅仅视为可能，尽管这二者并非真的存在？对于将广延视为唯一且无限的实体属性的斯宾诺莎而言，这就更加可行了。

我略过了很多莱辛后来带给你愉悦的奇想。关于这些奇想很难说它们应该是游戏还是哲学。如果莱辛兴致勃勃，他就会习惯性地将两个最陌生的观念组合在一起，来看看将得出什么样

① 这是书写或者打印错误。在我信件的第一版和我的手稿中皆为现实性。——原注

的产物。通过这种对观念的无计划的随意组合，一些非常特别的思考产生出来，之后莱辛知道怎样很好地利用它们。但是它们大部分毕竟仅是些幻想，尽管可以充当咖啡桌边的娱乐谈资。您在33页记录的莱辛的话就全部属于这一类。他关于世界灵魂的秩序的看法，关于莱布尼茨所谓身体的单纯效果的“隐德莱希”的看法，他对预报天气的涉猎，他**无止境的寂寞**以及他短暂闪耀、燃爆，随后就熄灭的其它奇想。因此，我对合理地撤退到您替自己提出的信仰的旗帜之下毫无兴致。它完全内在于您的宗教精神当中，这种精神将以信仰压制疑惑的义务强加于您。基督教哲学家可以戏谑自然主义者，向他们提出一些疑点，这些疑点就像是鬼火诱惑他时而到这个角落，时而又到那个角落，但总是从他哪怕最有把握的攫取中溜走。我的宗教除了知道通过理性消除
190 这种疑惑之外，不知道消除这种疑惑的其它义务；它不强迫任何对永恒真理的信仰，因此，我还拥有另一个依据去寻求**信念**。

在第41页，我看到您又一次尝试着根据斯宾诺莎哲学来说明现实性原则，您说：“斯宾诺莎的神是一切实在之物中实在性的纯粹原则，是一切实存当中存在的纯粹原则。斯宾诺莎的神完全没有个体性，是绝对无限的。这个神的统一性以无差别的统一性为基础，因此并没有排除一种多样性。但是单就这种先验统一性而言，神性不管怎样必然缺乏实在性，因为实在性仅仅存在于且表现在被规定的个别事物中。”如果我理解正确的话，那么
191 被规定的个别的存在者才是现实存在着的事物，无限者或者现实性的原则只能以**集合**即所有个别性的**总括**为根据。因此它只是某种集合的东西，如果脱离它的构成部分将缺乏一切实体性。

但是，现在每一个集合都以综合杂多的思想为根据，因为在思想之外，或者客观地说，每一个个别事物是孤立且自为的。只有关系才使它成为了整体中的部分、集合中的成员，然而关系只是思维的活动。现在您必须帮助我摆脱对于斯宾诺莎主义的这种混乱看法。首先，我想问：这种思想、这种集合以及个别与整体的关系存在于何处呢？显然不存在于个别事物中，因为它们仅仅为自身存在。如果我们不想承认这一点，那么我们不仅在神性中拥有杂多，而且拥有真正不可数的多样性。同样，它们也不存在于一个集合体中，因为这会导致明显的谬误。因此这个**一切**、这个**集合**如果要有真理，那么它必然存在于现实的先验的统一性中，这种统一性排除了一切杂多，但是由此我们可能完全不知不觉地回到经院哲学陈腐的轨道上。

进一步来说，到现在为止我一直相信，按照斯宾诺莎哲学唯一的无限的存在者具有真实的实体性，而杂多的有限者只是无限者的变形或者思想。您似乎把这一点颠倒过来了。您给予个别事物以确切的实体性，因此整体只是个别事物的思想。您把我推进一个无法摆脱的循环中去。因为在别的场合中，您似乎也赞同我，认为根据斯宾诺莎哲学只有一个先验的、无限的实体才是可能的，它的属性是无限的广延和无限的思想。

但是，对我来说，我在斯宾诺莎的体系里发现的最大的难题就是他想要通过有限者的总括形成无限者。

程度如何通过附加获得强化呢？强度如何通过广延的扩增得到强化呢？在其它所有体系里很难设想从无限到有限的过渡，而在斯宾诺莎的体系中，依我所见，从有限回溯到内包的无

限则完全不可能。仅仅通过增多,我们绝不能获得加强,尽管增
192 多可以进展到无限中去。如果我们将量归属于度,那么这是一个内包的量,它无法通过同质事物的增加而增加。很明显斯宾诺莎主义者在这里混淆了这些概念,他们以为多样性像内在的强力一样重要(或奏效)。

对此,沃尔夫在他的《自然神学》的第二部分已经做过简单的抨击。但是就我所知,斯宾诺莎的捍卫者尚未给予任何回应。

附　　录[1]

① 此部另为雅可比新增的附录部分。——中译者注

194 “在各种哲学派别之中，那最好的是这样的，它以最方便、最高尚的方式表现人类理智的完善，并最符合自然的真理，它尽可能地与自然合作，推测（我指的是以自然的方式并借助于对变易的理解来推测，而不是凭动物的本能来推测，像动物及其同类的东西所做的那样，既不是借助于善神与恶魔的灵感来推测，像预言家所做的那样，也不是借助于抑郁的激情来推测，像诗人和其他沉思默想的静观者那样）或判明规律，并改造风尚；它进行治疗或进行认识是为了生活更加幸福、更加神圣。”

——乔尔丹诺·布鲁诺：
《论原因、本原与太一》，第60页

附录 I 195

诺拉的约当·布鲁诺思想的摘录
论原因、本原和太一

1.论原因,就其区别并等同于本原而言一个起作用的、形式的、理念性的原因的同一性

所有不是第一本原和第一因的事物都有一个本原和原因。

这条原理是不可否认的,通过这条原理我们获得了关于原因与本原知识的广阔前景。尽管如此,可以肯定我们几乎没有能力认识我们知觉到的结果就近的原因和本原,并且在这些结果中我们仅仅通过最外在的努力揭示了关于第一因和第一本原的东西,人们可以把这种东西称为它的迹象。

我们真的知道该如何理解第一因和第一本原吗?通过这两个称谓我们一般在意谓什么呢?它们在根本上究竟是等同的呢,还是有着不同的意义?如果是后者,差别又在哪里呢?

差别是现实存在的,并且很快就会被揭示出来,尽管两者的 196
表述经常混淆。本原是事物的内在根据,是事物之可能实存的源泉;原因是事物的外在根据,是它现实的、当下实存的源泉。本

原保持在结果中，并且在事物的本质中获得事物。通过这种理解，人们会说质料与形式相互统一，相互支持。相反，原因外在于结果，且规定着事物的外在的实存，原因与本原的关系就好比工具与作品、手段与目的的关系。

在我们确定了原因与本原的区别之后，我们必然尝试对这些概念本身做进一步规定。

我们该如何理解第一作用因，该如何理解与之不可分地联结着的形式性的东西，最后该如何理解使作用因运动起来的终极因呢？

关于作用因，我不知道任何其它普遍、现实行动着并在物体上起作用的本质，除了普遍知性、世界灵魂的原初且最为高贵的力（这种力让自身被视为宇宙的普遍形式）。这种力充盈着一切事物；它照亮宇宙；它像完成其作品一样规定自然。它与自然事物生成的关系，就如同人的思维的力与概念生成的关系。毕达哥拉斯的信徒将这种普遍的知性称为万物的发起者和推动者；柏
197 拉图的信徒在完全相似的意义上将它称为世界的创作大师；术士则将之称为一切种子的种子，因为它将它形式的无限性注入到质料中去。俄耳甫斯将这种普遍的知性称为世界之眼，因为它看穿一切，赋予事物内在的、外在的对称和举止；恩培多克勒将它称为区分者，因为它不知疲倦地把混乱的形态从材料的怀抱里分离出来，并从死亡中唤醒了新的生命。对普罗提诺来说，它是父和制造者，因为它将种子播撒在自然的田地中，最终一切形式出于它之手。对我来说，这个普遍的知性是内在的艺术家，因为它从内部构成、安排质料。它从根或者种子内部长出了嫩芽，

从嫩芽长成主枝，从主枝到长出侧枝，再从侧枝的内部长出花蕾。叶子、花朵和果实的一切细嫩组织都是在内部播种、准备和完成的。它又将汁液从果实和树叶引回侧枝，从侧枝引回主枝，从主枝引回树干，最后从树干引回树根。植物如此，动物乃至一切事物亦是如此。

我们对质料肤浅生硬的模仿尚且需要知性和精神，难道在没有此二者的情况下我们还能创造出有生命的作品？这个艺术家、这个内在的普遍存在者必然不是无限地高于我们的；它并非排他地选择质料和对象，而是不停地在万物之中作用于万物。

但是我们有三种知性要区分。神性的知性，这种知性就是一切；宇宙的知性，它创造一切；个别事物的知性，一切事物在这种知性中生成出来。存在两个端点，在它们之间存在着自然事物真实的、起作用的外在原因和内在原因。至于外在原因和 198
内在原因，我称之为外在原因，是因为它作为有效因不是复合的、生成的东西的一部分，因此必然被视为外在于它们的；称之为内在原因，是因为它不在质料之上或之外起作用，而是完全在内部行动。

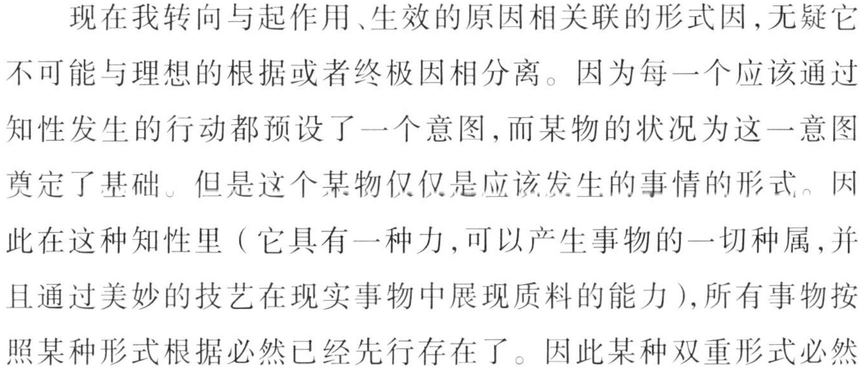

现在我转向与起作用、生效的原因相关联的形式因，无疑它不可能与理想的根据或者终极因相分离。因为每一个应该通过知性发生的行动都预设了一个意图，而某物的状况为这一意图奠定了基础。但是这个某物仅仅是应该发生的事情的形式。因此在这种知性里（它具有一种力，可以产生事物的一切种属，并且通过美妙的技艺在现实事物中展现质料的能力），所有事物按照某种形式根据必然已经先行存在了。因此某种双重形式必然被预设下来，首先，其中一层形式是原因，但不是为了现实性而起规定作用的原因；其次，另外一层形式使得对象按照质料在当下现实地产生出来。作用因或者一般的终极因的目的在于宇宙的完善性，而这种完善性则在于一切形式在质料的不同部分里实现现实的实存：知性为这种目的感到欢喜和得意，由此它不知疲倦地从质料中唤起新一类（Gattung）形式——这似乎也是恩
199 培多克勒的意见。我还要做一个补充：正如作用因在宇宙中具有普遍性，它甚至也存在于个别事物以及该事物的组成部分中：同样的情况也发生在这些事物的形式和目的中。

关于知性即世界灵魂的属性，我已经指出它是一切自然事物最先的和最终的生成者，因此我们同时可以证明形式和作用因不是两个迥然相异的东西，相反在一定程度上来说是同一个。这是一个洞见，它已经在很大程度上引领我们更加接近关于本原的知识，即关于事物最内在根据的知识。

现在在这里我必须回答由作用因和形式因的确定的同一性产生的问题，也就是说：同一个存在物即世界灵魂同时为内在根据、外在根据、本原和原因，是如何可能的？

“比较”有助于我们解决问题。就像舵手处在船上一样，灵魂存在于身体中。舵手就他和他的船有着同样的运动来说构成了整个运动基质的一部分。但是如果我们就他改变了这些运动来对他加以观察，那么他显现为一个不同的、自为地起作用的存在者。世界灵魂同样如此。如果世界灵魂充盈宇宙，如果世界灵魂只是一个生命、一个普遍形式，那么人们可以把它视为宇宙的内在部分，即形式的部分。但是如果它规定、建立其它一切的形

式，产生它们之间的相互关系，那么它就不能被视为部分或者本 200
原，相反它是原因。

如果万物充满生气，并且每个事物的灵魂就是它的形式，那么人们只需要通过类比诸部分思考整体，就能轻而易举地发觉作用因、形式因和理念因的同一性。但是我们还是出现了困难，我不理解为什么厌恶把世界视为一个有生命的存在者；因为我们不能思维不是作为动力的、不是作为灵魂的直接或者间接的表达形式，同样也不能思维一个无形式的某物。只有精神才可以塑造。将仅仅作为精神间接产物的技艺物冒充为有生命的形式是愚蠢而可笑的。我的桌子作为桌子没有什么生气，我的衣服作为衣服也没有什么生气；但是因为它们具有源于自然的材料，因此它们由有生命的诸部分组成。没有什么事物是如此地贫乏和渺小，以至于精神不居于其内；并且这个精神实体仅需要一种恰当的关系将自身展现为植物，或者将自身展现为动物的有生机的身体的各部分。然而我们将由此发现一切事物直到最小的部分都是由形式和质料构成的，因此绝不能说“一切事物要么是动物性的自然，要么是有生命的存在者”。并不是所有拥有灵魂的东西都可以被我们称为有生命的存在者。但是一切事物按照实体来说都具有生命和灵魂，只不过并非所有的事物都可以现实地享有生命和使用灵魂。[①]

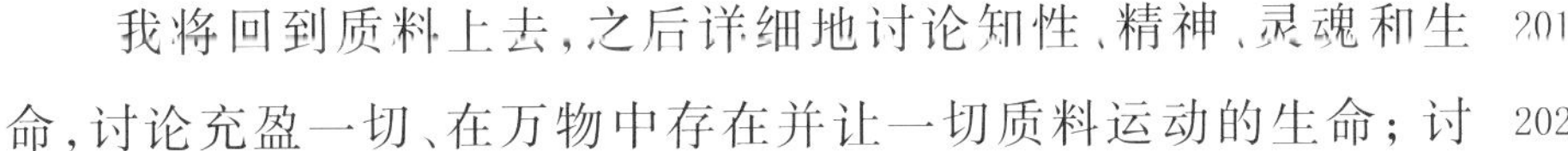

我将回到质料上去，之后详细地讨论知性、精神、灵魂和生 201
命，讨论充盈一切、在万物中存在并让一切质料运动的生命；讨 202

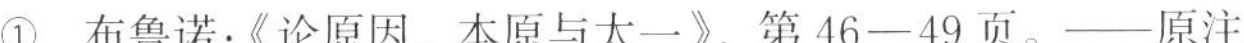

① 布鲁诺：《论原因、本原与太一》，第 46—49 页。——原注

论满足质料、并让它服从自身的生命。因为精神实体不能被质料的实体克服,相反后者将被前者统治。

203 Principio cœlum ac terras camposque liquentes,
Lucentemque globum lunæ, Titaniaque astra
Spiritus intus alit, totamque infusa per artus
Mens agitat molem, totoque se corpore miscet.
(太初,苍天、大地与万顷涟漪,
以及那圆月的光华、泰坦神的明辉,
在内部都有一个精神养育,
理智,充盈各个肢体,
促使万物蠢动,
与宏伟的整体交融一起)。①

因此如果精神、灵魂、生命再一次在一切事物中发现自身,并且按照具有本质的程度被这一切事物所遵从,那么这种精神也必然是一切事物真正的形式和力。然而,外在的形式不是事物,相反它们属于事物;它们不是实体,而是事物的特性和状况,因此这种外在的形式屈从于变化和毁灭。

Morte carent animæ, domibus habitantque receptæ,

---

① 参见布鲁诺:《论原因、本原与太一》,汤侠声译,商务印书馆,2014年,第57页。——中译者注

Omnia mutantur, nihil interit.
（灵魂是不知道死的，
觅一处，
搬进来、居住下来。
万物都在变化，
但是什么也不会灭亡。）[①]

II.论质料的一般本原；之后将着力论及被视为潜能的质料本原

德谟克利特和伊壁鸠鲁的信徒曾经断言，一切不是物体的东西都是虚无，他们将质料预设为事物的唯一根据，并且说：它自身就是神性的自然。昔勒尼学派、犬儒主义者以及斯多葛学派仅仅将形式视为质料的偶然的性状。长久以来我一直追随这个观点，因为它的根据来自自然，并且对这些根据的推导和证明远远优于亚里士多德主义者。但是在视野扩大之后，现在我开始更成熟地反思这些事情。在我看来必须预设两类实体，其 204
中一个是形式，另一个则似乎必然是质料。因为就好比我们必然要预设一个最高的力，其它的力起作用的能力才从中流溢出来；所以一个相应的基质（它的受动与它的作用可以等量）也必然地、绝对地被预设下来。其中一个能力规定他者，而其它

① 参见布鲁诺：《论原因、本原与太一》，汤侠声译，商务印书馆，2014 年，第 60 页。——中译者注

的能力则受其规定。

如果人们想要把质料和形式分离开，以便专门地对质料加以考察，那么可以试着从与技艺物的比较出发。由此我们可以看到毕达哥拉斯主义的信徒、柏拉图主义者和逍遥学派的处理方式。在这里最原始、最优良的技艺可以作为示例，可见木头为木工的工作奠定了基础，铁料为铁匠的工作奠定了基础。每个人总是仅仅从同一种、但又极适用于自身技艺的材料中创造不同事物的杂多性，这些事物的形状、种类、性状和应用虽然不能从材料的本性和特性中推导出来，但是它们也不能仅仅通过技艺就自为地存在。同样这符合自然的目的，但是还有一个重要的差别，即通过自然之手，技艺接受的是塑造过的杂多的质料，技艺只是改变了它的表面。自然似乎是以它的对象即完全无形式的质料为中心而起作用；并且这个基质的对象是唯一的、简单的，技艺通过形式才首次把它所有的差异性和规定性给予对象。

但是我们可以预设这样一个无形式的质料吗，倘若我们无
205 处可寻也无从确信它的实在性——绝不可以。但我们缺少感知颜色的方法，是因为我们不能用耳朵来感知颜色吗？当然，为了知觉到与技艺的基质如此迥异的自然的基质，我们需要一个与外感官完全不同的感官。只有通过理性之眼我们才可以瞥见这种基质，而这种基质也无法逃脱理性之眼的察觉。

技艺的形式与技艺的质料的关系，正如在恰当的限制之下自然的形式与自然的质料的关系。对于结合独特质料的技艺，我们没有预见到它无穷的变化。此处是一株赏心悦目的野生树木，彼处则是一座装饰奢华、琳琅满目的宫殿。自然向我们展示了相似的变化。最初的种子变成了草，然后成了麦穗，面包，营养液，血液，精子，胚胎，人，实体；之后再次变成泥土、石头或者别的团状物，如此等等。因此我们认识到了让自身转变为这一切事物的某物，它总是自在地保持为同一个。因此它既不属于物体，也不属于我们称之为属性、形状和质的东西，因为它们是变化的，并且可以从一个自然的形式转变为另一个自然的形式，因此它也不能通过物体和感性加以说明。

但是现在因为按照上述说法一切自然形式来自质料并且又
回到质料，那么除了质料，似乎没有什么东西现实地持存、永恒
存在并且配称为本原。质料使得形式从它的怀抱中产生出来，并
且再次把形式接纳进来，因此形式没有质料便无法存在；相反质 206
料一直保持为同一个，并且保持为能生产的。因此，可能不少人
长时间地反思了自然形式的根据之后，最终陷入到这样一种思
想中去，即这些形式就是质料单纯的偶性、性状和状况。因此现
实性、完善性和现实的能力必然仅仅从属于质料，而绝不能从属
于可以被我们清晰地加以认识的东西，即那些既不是实体也不
是自然，仅仅只是关于实体和自然的东西。逍遥学派的莫里·阿
维斯布朗偏爱这种让质料作为必然的、永恒的、神圣本原的学
说，他将存在于一切事物中的质料称为神。

实际上如果人们仅仅认识到一个偶然的形式、一个第二类（Gattung）的形式，而没有认识到一种必然的、永恒的、最原初的形式，就必然会陷入到这个错误中。这种形式是一切形式的形式和源泉，我们和毕达哥拉斯主义的信徒一起将它称为世界的生命和灵魂。

但是这种最原初的普遍形式和那个最原初的普遍质料是怎样不可分地统一在一起的？它们是有差别的呢？还是仅仅是一个本质？现在我们必须要尝试解开这个谜题。

被称作质料的本原可以通过两种方式获得考察：首先，视作潜能；然后，视作基质。如果我们把质料视为潜能，那么一切可能的本质通过某种方式都会落在它的概念之下；并且毕达哥拉斯主义的信徒、柏拉图主义者、斯多葛学派的信徒以及其它学派都把质料视为超感性的东西，而不仅仅是感性的东西。我们和这些人生的智者一样没有彻底地审视质料，相反我们为自己制造
207 了关于质料即潜能的更高、更完善的概念。

人们习惯于将潜能或者能力划分为积极和消极两个方面。如果根据真理对消极的样式（Modum）加以考察，就必然纯粹、绝对地考察它，为了让人们注意到这一点，我将把积极的样式放在一边。现在将实存（它需要存在于此的能力）赋予某个事物是不可能的。但是这种能力很明显和积极的样式相关，这使得我们马上就可以说明一个样式如果缺少另一个样式就不能存在，确切地说这两者相互地预设了对方存在。因此如果有一种能力自初始以来起作用、生产、创造，那么也必然有一种能力被作用、被生产、被创造。质料的概念以这种方式被理解为消极的存在物的概念，毫无疑问它与超自然的最高本原的概念相统一。所有哲学家还有神学家也必然赞同这一点。事物实存的完善的可能性不能先行于它现实的实存，同样也不能在这个现实的实存之后得以留存。如果在没有现实的实存的情况下，存在着一种朝向现实的完善的可能性，那么可以说事物创造了自己，并且它们在此

之前就已经在此了。最原初的、最完善的本原在自身中把握了一切实存，它能够是一切并且就是一切。如果它不能够是一切，它也就不是一切。因此活动着的力和潜能、可能性和现实性在这种本原中是不可分割的、无法分离的一。然而，于其它事物（它们能够存在或者不能够存在，能够这样或者不能够这样被规定）则并非如此。每个人在每个片刻里就是他在这一片刻里能是的那个样子，但并不是他一般地并且就实体而言能是的一切。谁是他 208
能是的一切，谁就是在他的实存中理解其它一切实存的唯一者。其它东西仅仅是它们存在的样子，总能够在某种安排和次序中成为个别的、特殊的东西。因此每一种能力就是包裹在本原中且与它不可分离的行动，就是本原本身的、在事物中发展并显得分散多样的单纯行动。

宇宙作为不被生成的自然同样是一切；它能够在行动中突然成为一切，因为它把一切质料连同在这质料的变换形态中永恒不变的形式把握在自身之中。但是在上述自然从契机到契机的发展之中，在它的特殊部分和性状中，在它单独的本质以及它一般的外在性中，自然已经不再是它是和能是的东西了，相反它只是第一本原的形象（Bilde）的影子，而在这种本原中活动着的力和潜能、可能性和现实性是相同的。因为没有哪个宇宙被规定的部分可以作为宇宙能是的一切；纯粹由这些部分组成的整体该怎样表达自然的完善性呢（自然是能够是的一切，也能够不是它不是的一切）？

对我们的知性来说，把握那种绝对的、完全的、活动的能力，即同时作为绝对的、完全的、主导的能力是不可能的；我们既不能理解某物怎样能是一切，也不能理解它怎样就是一切，因为我们的知识仅仅是相似性和诸关系的知识，它们不能运用在不可量化、不可比较的绝对唯一的存在者之上。我们的眼睛既不适应它的光之明朗，也不适应它的深渊之深。对此《圣经》总结了两种最终的结论，它庄严地写道：“黑暗也不能遮蔽我使你不见，
209 黑夜却如白昼发亮。黑暗和光明，在你看都是一样。”（Tenebrae non cbscurabuntur a te. Nox sicut Dies illuminabitur. Sicut tenebrae ejus, ita lumen cjus.）

III.论被视为基质的质料本原

通过把质料视为潜能，我们发现相比柏拉图在《政治家篇》和《蒂迈欧篇》中所做的阐释，人们在没有接近神性的情况下，就为质料规定了更高的等级。人们只是提防了第二类质料，这种质料仅为自然的变化之物的基质，会与那种使感性世界与超感性世界享有共同点的质料相混淆，然后，人们将不再感到不满，而且不难发现第一本原通过无差别的方式不再是质料，也不再是形式。这最终会导致如下认知：按照实体来说，一切是一。

210 现在就实体而言，还没有发现毕达哥拉斯主义者与柏拉图主义者中有谁不对它作物体和非物体的区分；并且这种区别只有在与形式的关系中才能发生。存在着的不同事物必然把我们引向它们存在的本原，一个简单的基本本质，在其中个别形式的一切差别消失了。现在感性事物怎样共同预设了一个感性基质，那么理智者就同样预设了理智者的基质。但是两者必然再次要

求一个共同根据，因为不来源于实存并以之为基础的本质是不能存在的。但是，只有一种存在者除外，这种存在者的现实性已经被本质地把握并完全地给予。

如果物体正如普遍承认的那样预设了非物质的质料，由此这种质料就本性而言先行于物体的实存，那么我看不出是什么可以让质料与实体（人们称之为非物质性的）如此相互抵牾。这甚至对毕达哥拉斯主义者来说也同样适用，他们说：因为人们可以在物体性的实体中遇见某种形式的、神圣的某物，那么也必然可以在神圣的东西中遇见某种质料性的事物，因此低级的东西与高级的东西的秩序能够把握彼此、规定彼此。普罗提诺在书中谈到质料也说道：如果一切本质及其杂多性存在于理智世界中，那么所有这些本质相互共有的东西，连同规定它们属性和差异性的东西也必然存在。一切本质共有的东西代表了对质料

145
的设定；而规定它们属性和差异性的东西则代表对形式的设定。哪里没有差异性，哪里就没有秩序，就没有美和饰品。但是如果不同时设定质料，人们就不能思考差异性和秩序。

质料为非物体和物体的事物奠定基础，这种质料是杂多的本质，倘若杂多的本质在自身中包括一切形式，同时又是绝对单纯的，并且不可分地在自身中考察一切形式。质料就是在行动中突然得以存在的一切；并且因为它是一切，它就不能归于某个特殊的东西。我承认对每个人来说很难理解某物可以具有一切属性而又不必具有哪一个属性；形式的本质属于一切存在物，而
它自身又没有形式。对世界的智者来说，原理很清楚：整体不 211
能等同于全部（non potest esse idem, totum & aliquid）。如果

没有按照形式特有的张力（Kontraktion）为质料命名，我们看到的难道不是眼前一切事物的质料吗？它是气、火、水和火吗？纵使我们回到低级种类的个体和技艺的单纯变形，但谁会（例如说）从桌子、椅子、床的表象中剥离出我们称之为木的形式的张力呢，谁会从中得出这种实体的概念呢？质料无须通过某种展现出来的形式就在最高的知性中预设了一切形式。无没有大小，因此包含一切大小（Nullas habet dimensiones, ut omnes habeat）。但是质料似乎不仅外在地预设了一个他者无限的形式，而且还从自身中把它们剥离出来。质料不是接近虚无的东西——有一些哲学家本想着手创造质料，但却让自身陷入了矛盾之中；它也不是缺乏作用性、完善性和行动的纯粹、空洞、赤裸的能力。如果质料就其自身来说没有形式，那么质料就是像临娩的产妇从自己的怀抱中剥离出了果实，而不是像冰被夺去了温度或深渊被夺去了光那样被夺去了形式。

我们通过这种方式不能飞升到最高的存在者的概念上去，关于它的知识处于人的知性的领域之外。但是我们可以洞见到世界灵魂将何种形态给予万物，让万物活动；洞见到一切在一切之中，洞见到无数个别的东西只有居于并且通过世界灵魂才构成了一个本质。认识这种洞见是一切哲学和自然研究的目的。
212 超越自然之上更高的考察对无信仰的人来说是不可能的，也是无用的。超自然之光属于这里，但是人们通过以下观点无法与之相遇：每一个事物是物体，它要么像以太一样是单纯的，要么像天体以及这种类型的其它存在物一样是复合的。这种观点的支持者不是在世界的无限和事物的无限序列之外寻找神性，而是

在世界之内和事物之中寻找神性，而这构成了有信仰的神学家和真正的世界智者之间的差别。

与其说亚里士多德及其追随者让形式以其它某种在一定程度上外在的方式于质料中生成，倒不如说他们让形式从质料的内在能力中产生出来。但是他们没有在形式的内在构成中勘验到有效的能力，他们主要想仅仅在形式的发展中认识这种能力，因为事物完成的、感性的、显明的现象不是事物特有的实存的主要根据，而只是它的后果与结果。自然不是像技艺那样通过占有或组合创造对象，相反它仅仅通过分离（Scheidung）产生它们。古希腊最有智慧的人这样教育我们，东方人也是如此。正如摩西描述了事物的产生，他以谈话的方式引入了起作用的普遍本质：泥土带来了有生命的动物；水带来了有生命的生物。总而言之，水带来了质料，因为对摩西来说事物的质料本原是水。 147
他把起作用的知性称为精神，这种精神漂浮在水上，而水将会创世。万物通过分离，逐渐从水中生成出来。 213

IV.论太一

因此宇宙是太一（Eins）、无限的和不动的；因此只有一种绝对的可能性，一种现实性和行动。形式或者灵魂就是太一；太一就是质料或者物体。太一是事物或者本质。太一是至大、至善，它的本质无法被把握，它没有终点，没有界限，甚至没有任何一个最终的规定。因此，太一是无限的、不可测量的，因此是不动的。太一不能改变它的位置，因为在它之外没有位置存在。它不能被产生，因为一切实存都是它自己的实存。它不能毁灭，因为它不能变为虚无。它不能增加，也不能减少，因为关系不适用于无限者，它不会让自身减少或者增加。它不屈服于变化：不屈从于外在的变化，因为无物存在于它之外；不屈从于内在的变化，因为它同时且瞬间就是它能是的一切。它的和谐是永恒的和谐，是统一性本身。太一不是质料，因为它没有也不可能有形象和界限。太一不是形式，也不形成形式或形状，因为太一是每一个和全部，是一和一切。太一不是可度量的，也不能被视为有程度的。它不把握自身、包含自身，因为它不比它自身更大；它不被把握，也不被包含，因为它不比它自身要小。它不能和它自身相比较，也不能被比较，因为它不是一个和另一个，而是同一个。

因为它是同一个，因此它没有存在（Sein）和其它存在；因
214 为它没有存在和其它存在，它也没有部分和其它部分，因为它没有部分和其它部分，它不能是复合的。通过这种方式太一是全部和每一个，是一和一切；因此一是界限也不是界限，是形式也不是形式，是质料也不是质料，是灵魂也不是灵魂。太一的高度不再表现为它的长度和深度。如果人们愿意，可以把太一与球体相比较，但是太一不是球体。在球体中，长宽高是相同的，因为它们有同样的界限；而在宇宙中长宽高是相同的，因为它们没有界限，因而是无限的。哪里没有尺度，哪里就没有关系，没有和整体相区别的一般的部分。无限的部分自身就是无限者，因此与整体同一。因此在无限的持续中，时与日没有区别，日与年没有区别，年与世纪没有区别，而且世纪与瞬间也没有什么区别：因为一方并不比另一方更接近永恒。不论是作为人、蚂蚁还是太

阳，你都距离无限者很远，并且脱离了一切关系与之相对。这种情况适用于一切个别事物且无一例外，因为无限者的概念扬弃了一切个别性和差异性，一切数与量。在宇宙中，物体与点是不分的；中心与外围是不分的；有限与无限是不分的；最大与最小  215
是不分的。[①]宇宙是纯粹的中心，或者说它的中心无处不在，无论在哪个地方都没有它的外围。因此如果古人关于诸神之父说道，他充满于一切事物之中，在宇宙的每一个部分里都有他的位置，他是每一个存在者的中心，是一切中的一，是使一即一切得以可能的存在者，那么这不是空洞的谈论。不断相互变化的个别事物寻找不到新的实存，相反只能寻找到另一种实存的样式。这些个别事物存在，但实际上它们并没有涵盖所有能够同时现实存在的事物。质料的同一种张力规定了马的形式，但是不能同时规定人的形式、马的形式或者通常情况下个别事物的形式。万物不能通过同一种方式获得实存。但是宇宙不仅包含了一切实存，而且在自身中包含了实存的一切方式；它现实地、同时性地、完满地并且以绝对单纯的方式就是能够存在的一切。那些构成了事物的差异性、数、度以及关系的东西以组合、图形以及在自身中始终如一的实体的其它变形为根据。在这层意义上，所罗门才说太阳底下无新事。在不变的、无所不在的唯一存在者之外，

① 在宇宙中物体与点是不分的，因为可能性与现实性、潜能与行动在无限者中是同一个，但是点不是线的潜能，线不是面的潜能，面不是物体的潜能。准确说来，与之相同的表象方式也存在于斯宾诺莎哲学中。但是如果人们把荒谬的意见归于布鲁诺和斯宾诺莎，即线由点组合而成，面由线组合而成，物体由面组合而成，一切图形对他们来说仅仅只是通过运动而来的外在规定，就可能认为他们的哲学令人厌恶。——原注

存在的一切皆是虚妄；它们的实体是唯一的实体，在其之外皆是虚无。

因此无数的存在者不像处于容器或者空间那样处于宇宙中，相反这些众多的个别事物类似于肉体生命中的液体和血液。
216 好比人的灵魂是不可分的并且仅仅是一种本质，尽管如此，它对于身体的每个部分仍然完全是在场的，因为它稳固、承担并且活动着整个身体。同样，无限的宇宙的本质是太一，它在被我们视为宇宙的部分的个别事物之中同样在场，因此事实上整体和每一个部分就实体而言是太一。因此巴门尼德有权利把实体称为太一、无限者、不变者。此外，不管巴门尼德的学说（我们对它还没有合理的规定和可靠的信息）具有什么样的性质，一般来说这一点还是可以确定的：我们就物体的构成、属性、形象、颜色以及其它性状知觉到的不同的东西都是同一个实体的形态，是一个不变的永恒本质的可变现象；一切形态都包裹在这一本质里，正如不可见的环节包裹在精子中一样。通过这些环节的发展，没有新的实体产生出来，确切地说只有已完成的事件呈现在眼前。

关于精子的评论适用于动物性的环节，关于食物的评论适用于体液、血液、肉和精子。同样我们先不讨论食物，而从其它更基本的东西切入，并且一直不断地向上提升，直到我们达到了物理的普遍本质并且最终达到了本原的、普遍的实体，这个实体对一切事物来说是同一个，是一切本质的本质。就如艺术家让质料服从于每一个尺度、每一个形态和目的，他的艺术品绝不是质
217 料，相反属于质料、来自质料。同样，万物就是那些在种属、品类、属性中实存差异性的东西；通过诞生、解体、更替、变化实现实存

的东西，不是真正的本质，而且它的实存不是真的实存，相反它仅仅属于本质的性状和状态，而本质在自身中是太一，是无限、不动的，是基质、质料、生命、灵魂，是一般的纯粹，是真和善的东西。

非复合的简单的东西为一切复合和可分的东西奠定了基础，而且后者必然会回溯至前者上去。这是一个普遍认可的真理。人的知性也不断地力求探究这种统一性，它一直没有终止研究和探索，直到它在事物中发现了这种统一性本身，或者为它的表象找到了类似的形象。

因此，一些人为了表象那些源自无限存在者的个别事物的生成方式，便把那些特殊的实体视为源自统一性的数。其他人则想把实体本原视为一个点，把个别的存在者视为图形。第一种观点更纯粹、更恰当。毕达哥拉斯学派持这种观点；柏拉图却因为虚荣将其拒之门外。可以确定的是，因为柏拉图肯定知道单位和数规定点和图形；故后者为前者奠定基础，而非相反；或者说人们必然是为了确认非物质实体才预设了物质实体。如果没有数，那么尺度无法让自身得到思考；因此算术的表象和概念比起几何学的表象和概念更适合引领我们通过一切本质去知觉和考察那种单一的、仅仅作为实体和一切事物的根据的本原。这 218
种本原不可能通过一个特有的单词或者以某种在通常意义上确定的、更积极而非更消极的方式描述出来。因此，一些人称它为点，另外一些人称它为统一性，还有人称它为无限者。每个人都按照某种立场称呼它，考察它。

我们上升到这种本质的方式与它下降到我们这里的方式是

一样的。我们通过对杂多加以总括产生了概念的统一性；第一本原通过发展它的统一性造就了本质的杂多性。但是第一本原产生了无数个类、属以及无数个别事物，它没有预设数、尺度和关系，相反它统一且不可分地在万物之中持存。因此如果我们观察个别的人，那么我们不是知觉到一个特殊的实体，而是知觉到一个在特殊之物中的实体。

赫拉克利特关于“自然（它包含了一切矛盾并在统一性和真理中解决了这些矛盾）中彼此对立的东西始终同时发生”的断言，对随我们考察至此的人来说不再粗鄙不堪。对于巧合，算术不仅给我们提供了例子和证明，而且我们发现它的现实性在其它道路上获得了证实。原理必然总是与它的本原存在本质上的差别吗？冷与热，每一个处于最低程度的东西都消失在了同一个属性里，并且证明了它们本原的统一性，它们本原的变形让我们在最高的程度里看到了抵制，在最低的程度里则瞥见了联
219 结。难道我们没发现毁灭与生成有着同一个本原吗？对其中一方的爱就是对另一方的恨。在实体和事物最内在的根据里，恨与爱、友情与嫌隙是同一个东西。就像彼此不同且相互扬弃的对象的概念本原只是一种知识的本原，彼此不同且相互扬弃着的现实的东西的本原也只是实存的本原。基质变化的杂多性就像通过同一个感官得到的感觉的杂多性。

为了探究自然最深处的秘密，人们必然要不知疲倦地探寻事物相对立、相矛盾的最外在的端点，探询它们的最大值和最小值。至高者的目的不仅是找到一个联结点，而且还要从中找到它的对立者：这就是艺术真正的最深刻的秘密。

最高的善、至高的完善性和永福以包含整体的统一性为根据。我们对颜色感到愉悦，是对不同颜色的联合而非个别的颜色感到愉悦。悦耳的音调单凭自身只能轻微地触动我们，然而诸多音调的协和则将我们置于愉悦之中。谁想把我们对某个特殊对象感觉和知觉的结果与我们在本质（它蕴含一切行动和能力）中体验到的东西相提并论呢？谁会把某个概念与一切经验的本原知识相提并论呢？我们的知性越是接受这种最高的知性（它既是理解者同时也是被理解者）的本性，我们对整体的洞见就越是正确。谁把握了这个太一，谁就将把握一切；谁没有把 220
握这个太一，谁就将把握虚无。谁吐息纳气，谁就将自身提升到对神明的有权能者的颂扬中去，提升到对单纯的善和真的颂扬中去，提升到对无限者的颂扬中去（这无限者是原因、本原，是一和一切）！

221 # 附录 II

迪奥克雷斯致迪奥提玛：论无神论[1]

那些从个人以及人性的历史所获知的一切都将教育我们：无神论产生在我们敬畏神明或者宗教出现很久之后；在反思当中它持有它的根据，这种反思已经预设了知性的某种运行。

而完全内在于人本性的安排将人引向对神性的认识、对神性的敬畏或者宗教。

对这一思想的进一步规定：虽然我们对那些逝去的英雄、智者、义士感到悲伤，并且这种情绪仍然在我们心中激起了他们还活着的希望和表象，但是如果我们只遵循人性历史中的这种迹象，便将仅仅止步于芬格尔诸父的亡灵或者古老的波斯人以及赫特鲁斯克人的守护神。

我也承认，由于人身体防卫的弱点，恐惧对人来说是自然的。又或者由于人失去了一些本源的力，在人之中的恐惧有时会
222 怂恿我们向周遭的一切祈求帮助。可这只是欺骗的根源，正如从前狄摩西尼的欺骗，因为他在逃亡途中向灌木丛祈求自己活命。

---

① 此为海姆斯特乌斯于 1781 年 9 月 7 日致加利钦公主的信的标题。雅可比在这里节选了该信的段落。——英译者注

相反，宇宙的壮丽景观，太阳、布满日月星辰的苍穹和彩虹那激起敬仰之心的景象，以及自然通过感官同时作用于人的空洞灵魂的无限的杂多性，完全抓住了人的灵魂，并且在灵魂中形成了一种鲜明的、普遍的但却混乱的、无概念规定的表象。这种混乱逐渐梳理自身。对象获得了它们的轮廓，将自身与他者隔绝、分离。数和量的概念开始出现。无意义的惊异引起了表象最初的混乱、灵魂共同的震撼，但是极度的渴望随即以强有力的方式产生，并且在人们能够思考之前，人们就已经感觉到渴望和崇拜的冲动在自身中生成。这是人道德的官能（Organ）首次表现自身的瞬间。

但是，一旦人们要将对象区分开来，就会发现对象的总数对人的理解力来说过于庞大。因此人首先会关注于他而言最大、最美、最闪耀的对象；而且这个对象在他的眼中成了先于其它一切事物的最高者。

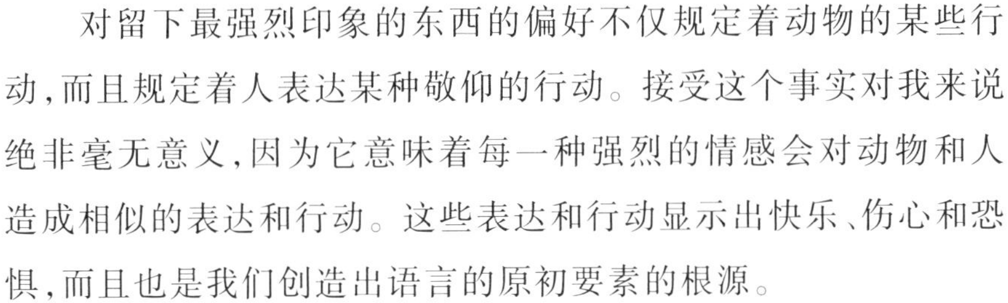

对留下最强烈印象的东西的偏好不仅规定着动物的某些行 223
动，而且规定着人表达某种敬仰的行动。接受这个事实对我来说绝非毫无意义，因为它意味着每一种强烈的情感会对动物和人造成相似的表达和行动。这些表达和行动显示出快乐、伤心和恐惧，而且也是我们创造出语言的原初要素的根源。

我不会顺着人自然简单的步伐走向对某个超越于人之上的、并且人感觉到自身对之有依赖性的存在者的认识。如果我们清楚地看到人性在最初的孩童时代还不能把握无神论萌芽的根基，那就足够了。

我没有谈及道德的官能以及源于它的感觉——这些感觉能

够引向对神的认识。因为这种官能在每个个别的人那里极为不同，所以到目前为止人们对它的分析还很粗浅，更别奢望它被普遍地接受。

但是，人在产生了对高于自身权能的权能（Macht）的模糊且粗糙的情感之后，在逐渐增加符号、在充实和整理想象力以及使用知性的力之后，尝试使自己与这种权能处于一种更切近的关系中，把对这种权能的至今仍然模糊的情感转变为清晰的概念。他勾勒出他称之为神的存在者的轮廓或者说形态；现在这个神也成了他的知性和想象力关注的对象。而且随着他的关系的增加，他的道德情感也在不断增强，不断被实践，同时他还向他的神袒露他的道德。这种双重尝试的成功在于人按照他的形象创造了神；诸神的多样性几乎源于这种形象。

因此，当哲学接受了它的起源，就是说当人们集合了足够的符号和概念以便完成内在的考察，完成比较和联结，简而言之就
224 是完成知性更高层次的工作的时候，与物理相关的纯粹对象便被强加给了人们。一切皆被规定，一切皆有其轮廓，因为按照上面清晰的描述，人们很容易发现在面对感官的简陋工具的对象时，人会因为忙于处理概念而忽略自身的内在感觉。

人作为生而具有理性的存在者拥有一种极其值得注意、值得仔细分析的冲动。一旦人的能动性开始外化，他便当即根据原因探寻；或者因为他在每一瞬间都（在其中他的意志力规定他去行动）感觉到自身为一个原因，所以他在所见的一切事物中寻找他的同类、他的我（Ich）、行动者；或者因为他偏爱美丽、丰富、简单以及完善的事物，所以他被引向某种归于整体组织的因果关系；最后，或者因为他要上升到原因，所以他希望找到一本手册，由此大胆地投入到召唤着他的未来的深处中去。

因此，这种冲动鼓舞人们探寻宇宙的原因；然而仅仅粗略地构建这一原因的概念，我们就不仅需要大量完备、典型的物理概念，而且还需要一种展现内在感觉的关于无限者的语言。显然，这种研究尚处在不成熟的状态，人们必然满足于构造世界的单纯知识。为了获得这种知识，人们已经构造了由外感官揭示的物质的普遍概念。从这一概念到原子的过渡是自然的、必然的。225
微小而又特定的、刺激感官的原子是一切可见可感之物中最根本的存在。所有原子共同构成了这个世界。

现在，对人们来说想要彻底地完成任务还缺少一样东西，但是找到它并不是难事。人们认为物质具有一种与它的本性相联结的内在的运动原则。通过这种隐含的力，人似乎相信凭借双眼就能看见世界的根据、世界的发展进程和永恒性；就能回答世界的产生以及世界性状的起源的问题。当时的智者认为“世界存在于此并且具备这样的性质，因为它们存在于此并且就是如此”这种回答已经足够充分。这是单纯的、完善的无神论。自此以后神性变得多余，人们嘲笑自己塑造的作为臆想的存在者的诸神；因为诸神像暴君和独裁者一样，他们的威望仅仅存在于围绕着他们的一众奴仆之中，所以人们嘲笑诸神在民众那里赢得的只是一段时期的威望。

在此期间，人们在自然现象的次序中知觉到了某种合法则性，甚至在自身中感觉到了一种内在的、可更改物质的原则，人们将这种原则称为灵魂。这种原则与整个宇宙被类似原则更改的或然性之间只有一小步的距离。

苏格拉底出现了;这个热情洋溢的心灵首先严肃地研究了人的内在。他揭示了一个与人的外感官向他启示的世界相比不
226 同的、极为丰富的世界;揭示了一个人们在一定程度上可从中体会到何为创造的世界;而在外感官启示的世界里人们仅能受动地知觉到何物被创造。在自然的合法则性里苏格拉底瞥见了法则;他的内感官循着这一足迹走向最高的立法者。这个最高的立法者不仅创造事物,而且创造了事物的法则;他的概念不能由物理世界给予,相反只能由后者推动。

现在,真正的关于神的知识(只要人们能够获得它)以及对神的合乎理性的敬仰在这样一些人的心中占据一席之地。这些人与苏格拉底一样认识到了物理世界的有限性以及另一个世界的无限性,并且在与后者的内在关联中本质地感知到了自身。

政治涉及其余的大众,它一直缓慢前进,它的目的是肉眼看不见的;政治仅仅按照它的目的修正诸神和诸神的箴言,德行与恶习,智慧与愚昧,它攫取了每一种类型的宗教和对神的礼拜;最后,政治发现自己因为某些哲学的干涉而被迫为宗教和礼拜树立最不可侵犯的威望,由此那种罕见的、经常极其迅速地一再出现于每个时代的混合物产生出来;由此那种通过神性制造了充满如此之多内在矛盾的巨兽的混合物产生出来,以至于混合物毁灭了自己,制造了第二种无神论,这种无神论的根据在自然的无信仰中。

227 哲学和宗教在最近几个野蛮黑暗的世纪里处于一种悲惨的境遇。人们愚蠢地没完没了地反复误用柏拉图、亚里士多德卓越

的观念，并且这种误用如此之严重，以至于我们每一次尝试发现由此生成的混乱并让混乱再次回归秩序都是无意义的。

笛卡尔是清楚认识到这一问题的人之一。他断定那种可怕的、专制的哲学必然会被首先推翻。他凭借灵活的技巧和聪明才智执行了这个大胆的计划。他把握了唯一可以带来成功的规则。他在古代的哲学立场之上引入了一种新的立场，实际上这种立场并不比古人的好多少，但是他意识到这种立场契合他那个只信赖精神王国的时代的声音，就是说因为他的学说有利于有生气但无规则的想象力的翱翔，因此他随处都可以找到倾慕者和赞同者。每个人都会为他能够按照自己的方式完成一种哲学并将巨兽击倒在地感到自豪。

现在，对敏捷、不受这群人限制、未被驯服且不受约束的想象力来说没有什么是昏暗的、不可能的。人们过去仅仅通过物质构建世界，从现在起人们也可以从中制造出一个神，由此反复无常的人提供了一种带有歧义的无神论。他按照每一种表象方式给予自身便利，在同一个形态之下随着意愿一会向我们展示混乱，一会又向我们展示一个神。

在此期间大师们努力采集那些遗留下来的珍贵的几何学萌 228
芽，深刻的古人曾经把它们和可见世界分离开来。这些萌芽经过精心的护理欣喜若狂地开枝散叶；理智世界从这些萌芽里开始生发，就表象而言它和现实的感性世界一样丰富，甚至自身就作为道德世界。苏格拉底首先揭示了这一点。

尽管如此，这些人艰苦努力所赢得的一切的优越性主要还是仅限于两点。其一，人们为知性带来了可能最好的训练；其二，人们非常信赖真理,以至于人们不想再失去它。但是,这种真理实际上是形式动人的几何学,它只是非物体性的影像本质;或者更确切地说,它只是一个与俄耳甫斯的古琴一样的器具——如果听到他庄严的琴声,动物和树木无疑都会为之吸引。

最后,这些大师研究几何学。开普勒、牛顿、惠更斯重新把几何学带进自然学说中去——过去这两者就密不可分。现在几何学向自然学说分享了分离之后它所遇到的所有诱惑,它给予自然学说更加清晰的轮廓,赋予自然学说真理的外表,并通过澄清和证明物质法则对其加以补充,而这些法则的正确性和现实性只有通过自然现象的序列才能得到证实。

人们有理由对他们到目前为止的努力感到自豪。他们成功
229 理解了自身的所见所感,精准地阐明了自身竭力探索的宇宙,并且构建了一种力学,这种力学按照需要改变物质,而且按照某种目的让自然服从它的统治。

人作为有限的存在者仍然是无知的,但是他同时通过坚守这种神圣的几何学智慧而获得了确定的知识。

牛顿在这种高度上考察了我们关于自然学说中的知识;而且他处处都在为这种知识的真理性奠定基础。这些卓越之人似乎在他们的工作中发现了神圣的技巧,他们已经根据力可见可感的结果证明了运动、引力、重力以及许多其它各式的力的法则,或者说也证明了同一种力的诸多不同的变形,但是他们绝没有羞于承认自己对所有这一切事物的第一因的无知。因此结果就是他们现实知识惊人的广博连同对自身无知的洞见,让他们更加靠近万物伟大的推动者,让他们心里充满对他的崇拜。

牛顿对他的发现感到惊讶是有道理的,但是他伟大的知性也认识到这些发现的界限。他的继任者同样惊讶万分,他们为从牛顿那里学到如此之多的东西感到自豪,同时又对他的荣耀充满醋意,他们还想知道这个伟人不妄称自己知道的事物。他们目睹了令人震惊的后果,当他们将高高在上的机械论运用于既已掌握的材料时,便可产生这些后果,由此他们得出后续的结论。如果引力、重力、运动和思维,简言之,一切归于形而上学世界的东西的原因是物质,那么,尽管它比我们用不完善的双眼看见的 230
物质更加精微,但我们的机械论仍然可能适用于这种物质,并由此产生重力、引力和思维能力的后果等等。现在,如果我们幸运的想象力能够成功地猜想出机械论及其变形,我们寻找其原因的那些后果必定以必然的方式随之出现,那么显然,这说明了我们在自然中瞥见的一切仅仅是各式各样的变化了的物质。由于我们事实上无法看见、感知甚至嗅闻非物质的东西,那么我们还可以推断出有物区别于我们在自然中瞥见的一切吗?

正像笛卡尔所处的时代那样,现在这些绅士幸运的想象力迅速地腾飞翱翔;这里只存在一种差别:想象力自此通过在硕果累累的世纪诞生的观念以丰富自身;而笛卡尔仅仅因为自己其它的目的而不得不建立特殊的体系,也许他很难有勇气激发现在属于我们、配备这些材料的想象力。

诸精神可能不会任由人们过多地浪费在完善体系以及轻松展开这一体系的手段上,而现在精神则被唯物主义者浪费在他们的球体、椎体、细线、钩子以及指环的构造上,以及流入、流出的物质上。由此他们在物理学和形而上学之间完成了一种内在

的联结，以至于从现在起整个宇宙获得了最让人感到愉悦的同
231 质性和单纯性。这些性质将其它一切处于规定自身的物质之外的原则都当作累赘抛弃了。

甚至，如果人们看到忙于哲学的神学因人们应对正统观念具有热情而做出鲁莽之事，从而将虔诚信仰他们侍奉的神性视为儿戏，仅仅为了获得一些讨喜的荣誉（因为他们也创造了一个小世界或者至少组合了一个小世界），那么人们将无法理解这种体系不可抵抗的魅力。

这是第三种无神论，它的本源在于不可一世的理性的僭妄。

您看到这种无神论和最初的、古老的无神论基本上属于同一个类型，因为他们将物质当作唯一的基础。但是物质之间存在着很大的差别，就未经加工的物质而言，人们没有确定地认识到它的法则和属性，它向想象力仅仅提供了一种死亡的尺度；至于另一种物质，人们跨越数个世纪始终努力地予以坚持；还有一种物质，它被想象力和人的勤勉分解，因此它的部分能得到更好的处理。人们为了构建一个庞大的学说而诉诸关于物质的轮廓的概念，为了提出无神论而诉诸关于物质的数的概念。在所有这一切又一次组合在一起之后，现在物质向内感官彻底展现为一个被塑造起来的对象。

第一种无神论将它自身的实存归因于一种受限于人们观念的理性，而且一旦人们开始严肃地考察道德世界，它就会自动地消失不见。

第二种无神论——一种单纯的、往往通过正确的理性推导而来的、不知不觉中失去节制的无信仰——在真正的世俗智慧

的怀抱里复苏了。 232

第三种无神论、我们愚蠢的傲慢的这一巨大产物不会被颠覆，除非人们笃定如下不可否认的真理：物质只是一个语词，人们通过它表达现实的本质性，若是这些现实的本质性和我们的官能存在关系的话；我们只有通过官能才能知觉物质的属性；如果在实存的序列中我们获得了更多的或其它的官能，那么物质（如果人们为了在任何情况下皆为我们所熟悉的本质性，想一如既往地将语词作为符号）将合乎关系地向我们揭示这样或那样的属性。

亲爱的迪奥提玛，您可能会嘲笑我想要探究一个对象，涉及的面却如此之少，而这个对象本身需要一个清晰的阐释。我担心我们的朋友雅可比也有同样的想法，而我事实上已经预见到这一点了。

祝您生活愉悦，独一的神赐福与您。

1787年9月7日

233 # 附录 III

我在这本著作的第15页写道:“八、九岁的时候,我稚嫩的忧思将我引向某种特别的‘幻象’(对此我没有更好的称谓),这些幻象时至今日仍紧随着我。”

雷贝格先生曾就我的《关于观念论和实在论的谈话》发表评论(《大众·文学》,1788年,第二卷,第112页),在其中他以一定方式谈论了上述文字,这迫使我做出一些澄清。

这一特别的“幻象”是完全独立于任何宗教概念的无限延续的表象。在那个时期,在我思考没有开端的永恒(a parte ante)的永恒性时,这个表象骤然清晰地浮于我眼前并残暴地包裹住我,以至于我无法呼喊,甚至昏厥过去。某种极其自然的心理活动强迫我一苏醒就恢复同一个表象,而结果却是一种不可言说的绝境。对我来说,这种毁灭的思想一直让我感到恐惧,现在甚至变得更加可怕,我再也无法承受这种永恒延续的幻象了。

如果我在这里繁冗地赘述这段极其痛苦的经历,读者将会不胜其烦。尽管我能但我不想加以解释。够了,我曾经一一澄清了,尽管很少被人理解。过了几年,我彻底摆脱了所有痛苦。我
234 也忘记了预防措施,尽管我曾经使用过,但我还是想将之拒绝;最后我不再相信预防措施真的有什么特别,或于我有多少益处。

大概在17岁到23岁之间，我又处在上述的状态中，曾经的现象又一次突然出现在我面前。我认得它独特的恐怖形态，但是我足够坚定，再一次凝视窥探，我确定它曾在。它曾在并具有足够的客观性去刺激每一个人的灵魂（并在其中获得实存），就像刺激我的灵魂一样。

自此以后这种表象还常常俘获我，尽管我一直小心地躲避。我有理由认为我可以随时随意地在心中激起这种表象，我想如果我这样连续地重复几次，我就可以在几分钟之内结束自己的生命……

人们也多次想驱散这种幻象，一直以来人们都应该警觉到，人内心产生的单纯的思辨表象能够反过来侵害自身；相比于其它危险，人更害怕在心中激起这种表象。

在我的信里有一段引出上述阐释的文字："当我开始忧虑另一个世界的事情的时候，我还身着波兰长袍。"幸运的哈曼曾经对这段文字做了说明，虽然不符合每个人理解的字面意义，但在这里恰恰可以起到很好的作用。

"另一个世界的事物。有多少个头脑，就有多少个想法。因此有多少个人，就有多少个世界。归根到底存在着一种共同的
本性，它将我们的种属与其它一切地面上的、深渊中的、天上 235
的受造物区别开来。在严格的知性里只有一个世界，就好比只有一个创造者，一个裁决他作品和财产的专制者。因此，另一个世界的东西只是在当下给予我们的、可变自然的特殊外观（Ansichten）。我们语言显而易见的不幸困境以类似的方式产生无数误解。所有理性存在物，所有关于错误与真理的直观和现

象，人的概念和理论的所有偏见与假设似乎是与现实世界不同的另一个世界的东西。但是这些东西不可能与对我们来说不可估量的关联相一致，上述的理性存在物、直观和现象以及偏见和假设只是对关联的任意曲解，这些曲解的关联根据我们想象和激情的法则、由于我们杂多的力的限制，有一部分被单列出去，有一部分则被组合起来。”

关于这个评论我在朋友留下的文章里发现了不下十处构思。分享给我的内容流于表面，但至少涉及文章的开篇。现在我还想对他在1788年5月7日从明斯特寄给我的文章终稿的开篇做一些补充。我工作时最喜欢顾及读者，读者也喜欢留予我相应的空间。

“有多少个头脑，就有多少个想法。因此，如果世界和人的数量一样多，但是我们这个种属却通过为所有人共有的本性而与地上其它一切受造物区别开来；而且既不存在更多的世界，也不存在更多的神；只有一个神，一个主，他的作品和财产必然是
236 一即一切。因此另一个世界的事物只是对我们的立场和活动范围来说呈现出的单纯在场的宇宙图像。因此作者按照感官复述一类，按照理智复述另一类。我们人类语言显而易见的不幸困境则要对这些误解担负责任。所有理性的存在物，所有关于现象、错误与真理的直观似乎只是与现实世界不同的另一个世界的东西，这些东西不可能与对我们来说不可捉摸的关联相一致；准确地说上述的理性存在物、现象、直观只是视觉对关联的截取或者曲解。这些截取或者曲解的关联按照我们想象力和居于统治地位的激情极其任意的法则、由于我们杂多的感性的限制，有一部分被单列出去，有一部分则被组合起来。”

附录 IV 237

我在这本著作的第27页写道:“我:此外,我相信世界有一个合理智的人格因。

莱辛:哦,更好!现在我一定是能听到全新的东西了。”

关于这一段文字赫尔德在他的《论神——对话数篇》第133页写道:“莱辛听到世界有一个合理智的人格因,并且以他的方式对他当时将听到全新的内容感到高兴。莱辛由其知性,绝不会怀疑神的知性,因此他的好奇只是针对世界的人格因的,当然他不可能体验到全新的内容。尽管神学家使用人格这个表达,但是他们并没有将它与世界对立起来,相反他们只是将它预设为神的本质中的差异(Unterschied),正如他们自己说的:人格这个表达仅仅是人类学的,因此在哲学上无关紧要。” 238

赫尔德的对话包含着很多具有特殊价值的文字,但这段文字因其非同寻常而与众不同。

问题在于世界的原因是否是最高的存在者,是否是所有事物永恒无限的根据,是能动的自然、第一推动者;或者它是否是通过理性和自由起作用的理智。在我看来第一因是理智。[①]

我无法理解无人格性的理智；而且我相信，莱辛不会误以为有这种概念，而且事实上人们也不可能有这种概念。

自我意识的统一性构成了人格性；并且每一个具有统一性意识的存在者就是一个人格。因此如果我如康德断定的那样能够怀疑我的意识是否流动，那么我也能够怀疑我自己的
239 客观人格（即我这个主体的现实统一性）；但是，一旦我把意识归于神，我就不能否认神的人格性以及这种人格性的恒久真理。

我们否认动物具有人格，因为我们否认动物具有同一性意识所依据的清晰认识。但是人格的原则必然归于每一个具有意识的个体、每一个有生命的存在者。

我们赋予一个个体以越高程度的意识，这一个体就越趋近人格。最终，将个体提升到理智的程度也将人格的属性完全地给予个体，由此这一个体成为了通过理性规定自身的存在者。

因此，除非我们彻底放弃思维领域，并决意完全不借助概念做出判断，否则我们就必须把最高的人格赋予最高的理智。

在赫尔德之前，我还不知道有谁以其它的方式思考过这些问题。赫尔德宣称，莱辛在听到事物的第一因被表述为一种人格的存在者时，必定会认为这种说法闻所未闻，这一宣称确实很让

① “有能力按照法则的表象行动的存在者是一个理智，一个理性的存在者；而且这样一个存在者遵循法则的这个表象的因果性，就是他的意志。通过知性和意志而是自然的原因（因此是创造者）的存在者是最高的理智，因此是神。”《实践理性批判》，第125、126页。——原注

人吃惊。

这件事之所以值得讨论，只因为非人格的神是诗性哲学的
必然需要。这种哲学喜欢摇摆于有神论和斯宾诺莎主义之间，而 240
且我们当中有很多追随者。这种哲学以真正的原理即神的知性不能是人的知性，神的意志不能是人的意志为出发点。然后它扩展这个真正的原理，直到消除一切理性思维和行动的根，一切理智原则即人格性实存的根，而同时它又不愿与斯宾诺莎一起始终如一地坚持：事物的最高原因不能是理智。但是我该如何理解这样一个理智呢，它自身根本不具备我设想的理智的存在者的东西？我把它理解为绝对的虚无，因为通过废除人格的实存，不仅仅是所有的相似性被废除了，而且所有可能的类比也都被废除了，结果就是存在者（Wesen）最微渺的阴影或光亮，甚至幻想所要求的东西都没有留下，留下来的只是一些无意义的语词，单纯空洞的声响。

现在，谁在哲学上使用那不可思议的概念，谁就能体验到事物的这样一个理智、智慧、善良的原因，这一原因居于世界之外，远离世俗，并不是自然本身；然而它至少是一个人格性的存在者，设定目的是它的本性；这一原因与自然有着什么样的矛盾，自然又是如何与它保持协调，人们无须猜测，相反每个人都亲眼见证过不止一个与之相关的例子。

在《论斯宾诺莎的学说》的第一版中，我已经声明反对这
种理性的、语言混乱的传道（我不知道还有什么其它更合适的
词），并且我自行澄清了我的目的，即对浑然一体且不可动摇的 241
斯宾诺莎主义进行基本的阐释，从而阻止这种传道。之后，我通

过认真的考察更详细地表达了我的看法，而且我承诺在第二版阐明有神论和斯宾诺莎主义之间不可能存在中间体系，承诺说明将它们混淆起来的荒谬性。下一个附录包含的内容要比这更多，但是我不愿意轻易略过这一部分。

附录V 242

本书第30页:“把思想视为首要的、最好的并且想要从中推导出一切实属人的偏见;因为一切事物(包括诸表象),依赖于更高的原则。显然,广延、运动、思想建立在更高的、长久以来尚未被阐明的力的基础上。这个力必然比这个或那个后果更加完满;因此,对它来说存在着一种不仅超越一切概念而且完全外在于概念的享受。虽然我们对它没有任何思维,但这不能消除它的可能性。”

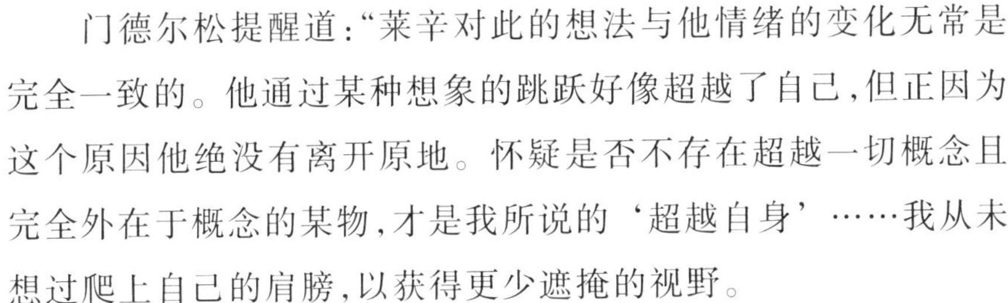

门德尔松提醒道:“莱辛对此的想法与他情绪的变化无常是完全一致的。他通过某种想象的跳跃好像超越了自己,但正因为这个原因他绝没有离开原地。怀疑是否不存在超越一切概念且完全外在于概念的某物,才是我所说的‘超越自身’……我从未想过爬上自己的肩膀,以获得更少遮掩的视野。

……您似乎也没有特别重视莱辛这个古怪的想法。”[①]

我完全不关心如何充分评判谈话之后的续篇部分;依照我的判断,门德尔松很乐于将这种想法与跳跃至自我之上的尝试

① 参见门德尔松:《便函》,本书第77页。——原注

243 相比较。[①]

之后，莱辛的观点因此被奉为一种证明，这在我看来真是匪夷所思，而且我不知道他熟知的自然神学和我赋予莱辛的体系有什么不一致。

另外，赫尔德接受了莱辛的这些观点，他在论上帝的第四个谈话中将之视为一种证明加以引用，在我看来，莱辛对斯宾诺莎的理解仅仅只是中道而止，因为他通常只发展一个概念，随后那位哲人将其充分展现为一切力的根据和总括。

“唔，”这篇谈话中的提奥弗龙说道，“怎么可能虽然我无法向您指称一种更高的（高于思维的）力，但是我却能说出一个真实的概念，所有这些力（菲洛劳斯也曾思考宇宙当中的成千上
244 万种力）都以之为根据，所有这些力叠加在一起也无法将之阐明？它拥有莱辛向其不可知的力所要求的一切属性，它无限地优于个别的力的任一个别后果，并且现实地给予享受的方式，这一享受方式不仅超出一切概念，而且（虽然不外在于但是）高于和先于每一个概念，因为每一个概念都以其为前提，并且以其为根据。”

① 在此，概念在最宽泛的意义下被视作先验统觉或者纯粹意识。处在这种概念以外的享受是未经体味的享受。

这里我还必须说明一下，关于这一点莱辛在后续的谈话里让我参阅休谟的《自然宗教对话录》(第二部分)。我在致门德尔松先生的第1封信中没敢提及，因为莱辛没有指出是第二部分，而且我当时还没有读过这些对话。总而言之，我对盲目引用极度排斥，同时我为漫不经心没能查阅这些对话感到羞愧。事已至此，对我来说，我就和《休谟论信仰》中提到的“他”（Er）一样；我想要通读英文原版，但是却因为耽搁而未能购得。——原注

菲洛劳斯：“这个概念是？”

提奥弗龙：“实存。您看，莱辛对斯宾诺莎的理解仅是中道而止，如果莱辛已经发展了这一概念，那么我们的哲人便会将其充分展现为一切力的根据和总括。实存优于它的任何一个后果：它不仅给予超出诸个别概念的享受方式，而且这一方式无法通过诸个别概念被厘清，因为表象力只是它之中的一种力，尽管诸多其它的力服从于它。对人来说情况如此，对一切有限的存在物同样必然如此，那么对神呢？”

菲洛劳斯：“莱辛和最杰出的智者一样，在上帝的实存中预见到了这种更高的且应当高于一切思维的力。上帝的实存是一切现实性的原始根据，一切力的总括，超出一切概念的享受。”

提奥弗龙：“但是他处在一切概念以外吗？您又一次看到，莱辛并未完全厘清斯宾诺莎哲学的观念。最高的力必须认识自身，否则它就是盲目的力量，这一盲目的力量注定被思维的力量克服，因此并非神性。”

不论是莱辛中道而止，还是莱辛未能完全理清攥在手中的线球，这两种情况人们都不了解。但是关于斯宾诺莎，赫尔德在 245
这本著作里恰好（第101—103页）也说道：“因此他的不足是未能将无限的思维力与作用力联结起来，而且也未能更加清晰地阐述他必然将在这种联结中发觉的东西，即：最高的同时必然是最有智慧的力量，换言之，一种依照内在的永恒法则合乎秩序的、无限的善？”——“笛卡尔的错误阐述也掩盖了他自身的光芒，因为对他来说思维与广延作为两种互无交集的事物彼此对立，思维无法通过广延受到限定，广延亦无法通过思维受到限定。正是因为他将二者视为神的、某种不可分的本质的本质属性，而且不敢妄自通过一方来说明另一方，所以他必然要预设一个将二者结合于其中的第三者，并且称其为权能（Macht）。如果他发展了权能概念，正如发展了物质概念一样，那么鉴于后者，他想必能必然地得出诸力的概念，甚至依据自身的体系便可如此，这一概念不能仅在物质中而且能在思维的官能中发挥作用；因此他也通过前者将权能与思维视为力，即视为一。思维也是权能，亦即最完善、绝对无限的权能，这恰恰是因为它即一切，并且拥有无限的、以自身为根据的权能所拥有的东西。”

那么，不仅莱辛对斯宾诺莎的理解中道而止，而且斯宾诺莎对自身的理解可能也是如此。[1]

246 但是斯宾诺莎对斯宾诺莎的阐释中道而止，并未完全理清斯宾诺莎观念的线球，真的是这样吗？

我希望赫尔德可以向我证明并非如此。

斯宾诺莎得出如下结论：神或者能动的自然既不能拥有知性（知性）也不能拥有意志，不管这知性或意志是**无限的**还是有限的（这点很值得关注）。这结论依据的原理如下：

现实的思想、确切的意识、知性只是某种确定的绝对思维，是绝对思维的变形（由分殊分殊的）。绝对思维本身（思维的绝

① 赫尔德《关于神的谈话》第 94 页将被正确地认识：“斯宾诺莎坚定地反对神创世的一切目的；而且极为果决地否认神的知性与意志，他设定神的无限力量居于知性与目的之上，并且与之完全分离，而他只能依据这种力量得出存在的一切。”——而在第 95 页的证明则显示：“一方面，斯宾诺莎没有完全理解这些定理，因为它们是他将笛卡尔的拙劣阐述纳入自身体系的结果；另一方面，比起他的模糊表述（模糊吗？斯宾诺莎关于这些问题的见解模糊不清吗？），人们对他的理解才更不可理喻。”——原注

对本质）不被分殊，由实体直接产生；但是各式各样的思维只能通过实体间接地生成，就是说它们只能间接地起源于某种有限之物；因此它们必然被算作被动的自然，而绝不能被算作能动的自然。

现在赫尔德在这段引文中（他指控莱辛和斯宾诺莎仅是中道而止）说道：“实存优于它的任何一个后果。它是超越了概念、不以概念为准绳的快乐的源泉，因为表象力只是实存的诸力量中的一个力，尽管诸多其它的力服从于这个表象力。”

现在假设莱辛回答说：“朋友，你还没有完全厘清斯宾诺莎 247
混乱的观念，否则你应该会看到你所谓的神的表象力（它只是神的力中的一个，和其它的力一同起源于现实性）不可能是一种主导的力。按照你自己概念的逻辑，正如你阐明的那样，表象力只是意识——对‘每一个概念预设的东西、对存在或者存在者’[1]的意识；对何者为万物及思维立法的意识，而这法则既不能被万物规定，也不能被思维克服。关于这种盲目的力量，你都谈了些什么呢？是思维把眼睛移植给你的神吗？这眼睛的光芒来自哪里呢，没有这光芒，甚至内在的眼睛都将失明？你嘲笑莱布尼茨的情感拟人说，你不愿把预先思维的计划、目的归给神；你教授一种不是通过智慧移植来的、而是作为自然的必然性；[2]你接下来又谈到一种权能，它通过思想才获得关于秩序、合规则性以及和谐的规范；[3]你谈到了思想，通过思想自然才第一次被

① 《关于神的谈话》，第 138—139 页。——原注

② 《关于神的谈话》，第 102 页。——原注

③ 《关于神的谈话》，第 102 页。——原注

设想出来，而且这思想‘是最完满的、绝对无限的权能，因为思想是一切并且拥有一切，而这一切属于无限的、以自身为根据的权能’。[①]实际上我不理解你的观点。因为斯宾诺莎的基本观念还能是什么呢，除了神是有广延的存在者，是有思维的存在者，
248 是有生命的、行动着的存在者；除了思想和物体的运动、确定的意识一样，和形状和颜色一样都不能直接归于神？那么，如果我想谈论这个最高存在者的享受，我不仅必须要把享受置于一切概念之上，而且一定要勇敢地将它从一切概念中除名。我生性敏锐的朋友门德尔松正确地将此称为‘超越自身’。它就是**致命一跃**，而我马上以我的**致命一跃**予以回应，由此我又与正在和我对谈的人比肩而立。”

我无法想象赫尔德还能怎样回复莱辛，怎样给他一个确定的、真正哲学的回答。关于这位天赋卓越的人的《关于神的谈话》，人们几乎已经达成普遍的看法：它没有使斯宾诺莎的学说，而是使斯宾诺莎本该持有的另一个学说摆脱了无神论的指控。即便如此，赫尔德神的组合以及斯宾诺莎神的纯化至少是一种可能的组合和纯化，但我觉着情况似乎不是这样。因为我不承认在终极因的体系和单纯的作用因的体系之间能够存在一种可以被我们人把握的中间体系。知性和意志如果不是最初、最高的存在者，如果它们不是一和一切，那么它们就只是隶属性的力，属于受造的自然，而不属于创造的自然。它们不是原初的推动力，它们只是可以被拆分的齿轮组，并且这种齿轮组的运行机制是

① 《关于神的谈话》，第 103 页。——原注

有迹可循的。[①]

我把机械装置理解为纯粹作用因的每一个联结（Verkettung），249
这种联结就其自身而言是必然的，就好像一个必然的联结作为必然的联结，依其自身是机械性的。[②]

假设表象和欲求伴随着单纯机械性的联结，而且它们能够在这种联结中存在、与之共在并伴随其存在，那么力的每一个约定、每一个和谐的结果都会带来一种现象，这种现象的表象按照其目的、艺术表现、智慧和善等等随身带着有效性概念。[③]

① “所有的实在性必定要么是必然存在者中的一个规定性，要么是通过作为根据的必然存在者被给定的，所以，迄今为止悬而未决的是，知性和意志的属性是作为寓于最高存在者之中的规定性而可以在它里面发现的呢，还是只有通过最高存在者而作为结果在其它事物那里看到的呢？若果是后者，那么，关于这一原始存在者，无论从它作为一个伟大根据的存在的充足性、统一性和不依赖性出发，可以发现它的什么优点，它的本性都远远不及当人们设想上帝时所必须设想的本性。因为倘若没有知识和决定，它就会是其它事物，甚至是其它精神的一个盲目必然的根据，并且仅仅在它可以被描述得更容易理解这一点上，与某些古代人的永恒命运区分开来。”《康德论唯一可能的证明根据》，第 43、44 页。——原注

② 参见附录 VII。——原注

③ “假定给定了几个斜面，它们与水平面的斜度各不相同，其长度应使自由滚下的物体在完全相同的时间内到达水平面。每一个懂得力学规律的人都会看出，为此需要做出一些准备。然而，在圆中的这种安排自身就具有无限多的位置变换，且在任何情况下都是极其准确的。因为所有与直径相切的弦，无论它们是从该直径的最高点还是最低点出发，无论人们想让它们向哪个方向倾斜，它们都有一个共同之处，即通过它们完成的自由下落是在相同的时间里发生的。我想到，当我向一个聪慧的学生讲述这个命题及其证明时，在他充分地理解了一切之后，其感触不亚于遇到一种自然界的奇妙景象。事实上，人们会对杂多在像一个圆这样显得如此普通和简单的事物中按照如此适宜的规则形成如此离奇的统一感到惊异，并且有理由感到惊赞。并不是自然界的奇迹借助贯穿其中的美或者秩序为惊奇提供了更多的原因，除非是这种奇迹之所以发生，乃是因为在此不能如此清晰地看出这种美或者秩序的原因，而惊赞则是无知的女儿。”《康德论唯一可能的证明根据》，第 52 页。——原注

250 一个非机械性的联结是按照目的或者预先设定的目标达成的联结。它没有排除作用因,因此也没有排除机械论和必然性,然而在这里存在着唯一的本质区别:在这种情况下机械论的结果作为概念先行,而且机械性的联结通过概念被给予,而非像其它情况那样,概念在机械论中被给予。前者可被称为终极因的或者理性自由的体系。后者可被称为单纯的作用因的或者自然必然性的体系。除非人们预设两种本源的存在者,不然不可能出现第三种体系。

总而言之,赫尔德对笛卡尔广延的定义的认识缺乏根据,而斯宾诺莎也没有脱离这种定义。赫尔德将这一情况称为历史事
251 实,并且以门德尔松的《晨时》为依据。而我则将援引一位风华正茂、历尽艰辛才崭露头角的作者,虽然他对事实的陈述并非如其发生的那般贴近,但还是极其充分的。人们可以参看海登莱希的《斯宾诺莎的自然与神》这本著作的第215页至224页。据我所知除了这位才华横溢之人,没有谁反对门德尔松与赫尔德那些难以理解的主张,相反人们普遍地赞同。据说莱布尼茨修补了这一漏洞,因为他拒斥广延的空洞定义以及与之相关的不当的表象方式。这针对的只是笛卡尔,就莱布尼茨尝试扬弃真正的二元论这一条件而言[①];这并不针对斯宾诺莎,因为斯宾诺莎也反对二元论,而且他那不变形的有广延的本质与莱布尼茨不变形的单纯本质一样空洞。现在人们将在下述两篇文章中发现更

① 我相信《关于观念论与实在论的谈话》已经充分说明这一条件使上述观点成立,现在附录 VI 将确凿无疑地肯定这一点。——原注

多与之相关的阐释。但尤其需要注意的是，目前人们几乎普遍从莱布尼茨及其学派得出了一个正确观点：莱布尼茨是精致的质料观念论者；我将在另一本书中对其进行合理的探讨，我想不难知道那本书有没有价值。

252 # 附录VI

本书第38页："我不会罢休的，您今天一定要澄清这种平行比较。"

问题：莱布尼茨的前定和谐在何种程度上与斯宾诺莎的主张——广延与思维无法改变彼此，只能共同构成一个存在物——相一致或是不一致，对此我在《关于观念论与实在论的谈话》中已经有所涉及，那时我还承诺会在其它地方进一步阐明这个问题，在此我兑现这一诺言。

我在那篇对话中（第163页）说道，为了使用实体的形式或最贴切的真实、本真的表述，莱布尼茨的个体化原则界定了重要的区别，这一区别如此显著，以至于两者成为彼此对立的体系。

莱布尼茨在1695年首次公开发表他的《新系统及其说明》，他讲述了截至那时自己思想所经历的诸多变化。他在《人类理智新论》中对之进行了更为详尽的复述，而且莱布尼茨以下述文字总结道："我从前曾走得太远了一点，并且我开始是倾向于斯宾诺莎派这一边的，他们只留给上帝一种无限的能力，既不承认上帝的圆满性，也不承认上帝的智慧，并且轻视对目的因的
253 寻求；他们从盲目的必然性中引出一切。但是这些新的光辉启发拯救了我；而从那时以来我有时就自己采用了德奥斐勒这个

名字。”[①]

布尔盖仍然认为正是莱布尼茨用来抵抗斯宾诺莎主义的新
系统揭示了斯宾诺莎主义的倾向或者不如说揭示了其精神。莱
布尼茨回复说:“我不清楚您究竟想要怎样理解斯宾诺莎主义。
相反,恰恰通过单子,斯宾诺莎主义才被推翻。而这正是因为如
此多的单子、如此多的现实实体或者说不可摧毁的生动的宇宙
之镜、包罗万象的诸世界存在;因为按照斯宾诺莎只能存在一
且唯一的实体。如果没有单子,斯宾诺莎所言则为真,除神之外 254
的一切都将只是暂存的,并且作为偶然的性状或变形消逝不见,
因为事物缺少存在本身的根据、实体,这一根据通过单子才能被
给予。”[②]

完全正确!斯宾诺莎主义只会在个体性的层面受到攻击,莱布尼茨的单子或者爱利亚学派的“不可理解”（Eleatische Akatalepsie）必然会取而代之。

---

① 《人类理智新论》，第 29 页。——参见陈修斋译本。关于莱布尼茨思想变化的非常有趣的印证可以在他写给雷蒙德的书信中找到。“我记得在 15 岁时，为了思考自己是否还保持着实体的形式，我独自在莱比锡附近的罗森达尔树林里散步。最终，机械论占据上风，它引领我投身于数学之中。的确，直到在巴黎与惠更斯先生交谈之后，我才真正深入了解了机械论。但是，在寻找机械论的内在原因以及运动的规律的过程中，我惊讶地发现，无法在数学中找到答案，而应该回到形而上学寻找答案。正是形而上学让我回溯到生命之源，从质料到形式，多次修正自己的观点之后，我终于认识到单子，或简单的实体，才是唯一真正的实体，而物体仅仅是现象，只不过有充分的根据和紧密的联系。柏拉图，甚至包括后来的经院哲学家和怀疑论者，已经意识到了某些东西，但在柏拉图之后，这些人却没有充分地运用它。”笛·梅佐《杂论集》，第二部分，第 135 页；莱布尼茨《著作集》第五卷，第 8 页。——原注

② 《著作集》，第二卷，第一部分，第 327 页。——原注

斯宾诺莎以必然之物的概念和原理即“变与存在既不可能是已然生成的,也不可能是已然开端的”为出发点。因此运动与静止是其物质性实体的两种永恒样式,是不同形态持续发生作用的原因,其中一种形态始终由另一种形态发展而来,而作用因
255 本身并不会发生丝毫的变化。因此在他的体系中,具体的或者说个别的事物与以绝对必然的方式从无限中产生无限的神性一样永恒。个别事物处在他唯一实体的绝对连续性中,但是他并未澄清这类事物的内在可能性;他没有解释它们的分离、交互作用以及协同性,也没有解释因易逝的个体性而存在的、神奇地使一切反对一切的、在无限中通过无限吞噬一切单一性的唯一的存在者。

此时莱布尼茨是在要求一个解释,但这不单单针对斯宾诺莎:他还要求当时居于主导地位的哲学流派、笛卡尔的信徒、伽桑狄主义者乃至一切哲人给出解释,这些人认为缺乏内在统一的现实的统一之物、缺乏不可分的联结的不可分之物、缺乏先天和谐根据的存在物的协同性、缺乏力的运动、无精神的生命是可能的。

值得注意的是,1663年在托马修斯的指导下,莱布尼茨的第一本著作就已经在探讨这类对象,并且述及个体原则。[①]

他在《动力学样本》中向我们讲述他这一初生牛犊是以何种方式进行考察的,后续则衍生出他的单子论。[②]他在1694年通

① 参看托马修斯借此契机所做的讨论以及莱布尼茨附在其博士论文中的命题7。——原注

② 《著作集》,第三卷,第320页。——原注

过小文“形而上学勘误与实体概念”开启了关于单纯的也就是 256
独特的力和现实实体的学说，并将《动力学样本》推向世界，在
其中他详细地说明了广延和不可入性尚无法共同构成实体，因 257
为两者预设了一种使其必然得以可能、得以生成的力。我参阅了
这篇极为值得关注的论文以及1698年因为证明并生动阐释动力
学而被收录在《学术纪事》（又称《教师学报》）的重要文章。

现在我们在莱布尼茨的信件中（1690年3月30日从威尼斯寄给著名的阿尔诺）得悉他早期关于这门学说及其应用的说明，但是这些论述在当时并未公开。莱布尼茨阐释如下：

“物体是诸实体的聚合物，真正讲来不是实体。因此，物体
中到处存在着不可分的、无法生成的、永恒的且类似于灵魂的实
体；所有这些实体向来与赋有能力的物体有机的、各式各样的变
化相统一，而且将来也始终如此；这些实体中的任意一个都在其
本性中获得了它后果的延续序列的法则以及与其目的相关的过
去与未来的一切；它对上帝的依赖不寻常，它是它一切行动的根
据；每一个实体都表象整个宇宙：但是一个实体会比另一个实
体表象得更清楚，尤其是就某些事物及其境况而言；灵魂与肉体 258
的统一，一个实体对另一个实体的作用仅在于那种彼此完善的、
由最初的创造秩序明确规定的和谐，因此每一个实体根据它自
身的法则对另一个实体的要求妥协，而且以这种方式一方的后
果就是另一方的后果或变化的结果或附带效果……”[①]

莱布尼茨在此阐明了他的单子论以及与之密切相关的作为

① 《著作集》，第二卷，第一部分，第46页。——原注

其结果的前定和谐，即便到了弥留之际他仍坚持这一点。

如果人们将前定和谐视为一种与当时的表象方式相一致的假设，认为这种学说只能完善同时代的诸多体系，而无法将之推翻，那么前定和谐就不配拥有创造之名，如此莱布尼茨也绝不会将其发表出来。让我们听听莱布尼茨本人的陈述。

“经院哲学家们认为，灵魂与身体之间存在着形体上的相互影响；但自那时以来人们正确地考虑到，思维与广延的物质材料相互之间并没有联系，两者是完完全全相互区别开来的被创造的事物。许多现代人也认识到灵魂与身体间没有形体的联系，虽然存在着一种使灵魂与身体构成基础性的东西或者构成人们称之为人格的东西的形而上的联系。”[①]

在此莱布尼茨犯了笛卡尔所犯的错误，因为他极力主张灵
259 魂是身体运动的唯一条件；如果他（笛卡尔）熟悉莱布尼茨和惠更斯后来揭示的关于运动及其方向的普遍法则的某些内容，那么他就会意识到他与前定和谐说的这位哲人多么相似，而且必然会走上同样的道路。[②]

实际上尚不完善的神助说在其创立者辞世之后未能逃过指摘。笛卡尔的门徒马尼安、马勒伯朗士、斯宾诺莎、科德穆瓦、拉米、笛拉·费尔治以及其他许多人，都异口同声地批评神助说，因为他们相信自己已然清晰地洞见到物体的广延和思维相互规定或改变以任何方式甚至在任何条件下都是不可能的。他们也

① 《神正论》，上篇，第 59 节。——原注。

② 《神正论》，第 61 节。他在致雷蒙德（Remond）的书信中复述过相同的内容。——原注

提出了一致的证明（部分根据几何学原理），属性或者偶性无法根据实体变为另一种属性或者偶性，就如同它们无法自为地存在一样。他们还依照自身学说的原理极富洞察力地引出其它部分正确的结论。于是便诞生了偶因论的体系以及几乎与之同时代的斯宾诺莎主义。

涉及先前这两个体系，我必须提醒一下，莱布尼茨多次将笛 260
卡尔的基本原理称为真理的前庭[1]，笛卡尔与莱布尼茨——他批评斯宾诺莎主义是夸大了的笛卡尔主义，[2]偶因论与斯宾诺莎主义两相符合[3]——如此接近，而且笛卡尔创立了这些体系，即便没有斯宾诺莎与马勒伯朗士在前，莱布尼茨也很可能会走上**前定和谐**的道路。

他在1695年这段时间里将他的学说带到法国，由于这一学说是他怀着对笛卡尔的喜爱而构建的，并且在一定程度上还仅仅只是一种假说，偶因论的追随者便指责他对他们特有的体系
进行了拙劣的模仿。莱布尼茨承认存在相似性，并且借此以彼之 261
矛攻彼之盾。[4]莱布尼茨并未提出不容置疑的独特之物，若是提出这一独特之物，他得到的将不再是两种完全不同的实体的和谐，而是对**二元论的彻底消除**，因此尽管他无时无刻不以有活力的单位，即独特的诸实体为出发点，但出于诸多明显的缘故他还

① 《著作集》，第二卷，第一部分，第263页；《杂论集》，第二部分，第136、139页。——原注

② 《神正论》，第393节。——原注

③ 《著作集》，第二卷，第一部分，第100、203页；第二部分，第58页。——原注

④ 此外请参看对多姆·拉米（Dom Lamy）的反驳。——原注

262 是谨慎地保留了二元论的幻象。

斯宾诺莎在莱布尼茨之前就放弃了用假设解释广延实体与思维实体诸变化之间存在的一致性，甚至比他更加彻底，因为斯宾诺莎仅设定了一个实体。因此这两位哲学家确实有相似性。他们都视灵魂与身体在本质上统一，虽然这个统一体可以在表象中被划分，但是在现实中绝对不能。[①]这值得进一步考察。

263 斯宾诺莎很早就拒绝了笛卡尔的广延概念，根据这个概念广延成了与空间无差别的、缺乏活力的单纯几何学意义上的东西。[②]相反他将永恒、活跃的力和现实的存在当作广延的基础，因此广延作为神性自然的属性存在着。[③]根据斯宾诺莎的学说，一般的力是神的有生命的本质。它在物体中显现为运动；在思维

① 关于这一问题，我特此援引了我在《关于观念论和实在论的谈话》（第146—173页）中根据莱布尼茨的著作得出的观点；在此刻我想到的尤其是我们的哲学家呈献给德斯·博塞斯（Des Bosses）的提要。根据莱布尼茨的学说，有限的单子就其自身而言还不是实体，相反与身体的统一对于有限的实体而言是绝对必要的。如果有限的单子能够自为地存在、起作用，那么它们的有限性和纯粹行动必然不相互矛盾。谁正确地理解了莱布尼茨的主动原则与受动原则、或者后者与前者的必然统一，谁就会对莱布尼茨的学说融会贯通，并且绝不会产生任何误解。——原注

② “不过，正如你说的那样，依据笛卡尔设想的惰性集合的广延，证明物体的实存不仅仅艰难而且完全没有可能。静止的物质因为处于自身当中，将继续静止，除非有更有力的外因的推动，否则它不会开始运动。出于这个缘故我在之前的场合曾毫不犹豫地说笛卡尔关于自然事物的原则尽管不能说荒谬，但没有价值。”《遗著》，第596页。参阅结尾的附录V。——原注

③ “关于你的问题，即事物的多样性是否仅仅通过广延的概念就可以被先天地证明，我想我已经足够清晰地指出，这是不可能的，因此被笛卡尔错误地规定为广延的物质，相反必须通过表现永恒且无限的本质的某种属性才能得到说明。”《遗著》，第598页。对此我们还必须考虑第62封信（同上，第593页）结尾处的内容，以及那些尚待商榷的段落。——原注

者中显现为欲望。[1]个别事物的生命是力，通过力它在它的本质和现实的实存中持存。[2]因此每一个个别事物都有属于它自己的与众不同的生命力。[3]但是因为每一个个别之物预设了其它一切 264
个别之物；并且它的本性和性状通过与其它一切事物的关联才能完全得到规定，[4]所以这种关联本身只有在神的律令中才能找到，在律令当中这已被预先规定。[5]

这只是其中一些主要特征。为了考察这两门学说在这一点上究竟有多么相似，以及这种相似是多么普遍，就仿佛是现实的，人们就必须着眼于这两位哲人具体的表象方式。然而后来这一相似性变得如此显著，以至于几乎没有人意识到需要费心比较对其加以说明。

在此我回想起了某些极为尖锐的批评，那位著写《斯宾诺莎的自然与上帝》的才华横溢的作者曾经质疑已故的门德尔松的论断"莱布尼茨的前定和谐根基于斯宾诺莎哲学"。据海登莱希先生猜测，门德尔松的这一发现来源于约阿希姆·朗格，而后者的整个演绎建立在对斯宾诺莎体系的肤浅认识之上，因此以

① 整部《伦理学》。人们可以在第四部分命题 4 的证明中查阅到这些段落的相关叙述。——原注

② 《第一哲学沉思集》，第二部分，第六章。——原注

③ 情感的定义第一部分和说明，《遗著》，第 146 页。情感的普遍定义和说明，《遗著》第 159—160 页；第三部分结尾处。伦理学第四部分命题 39 的证明和附释。——原注

④ 请查看在 1785 年 4 月 19 日我写给门德尔松的信中的命题 39，我在那里的注释里引用了相关的证明。——原注

⑤ 见《伦理学》，第一部分，命题 33，证明和附释；命题 36 的附录。——原注

此丰富自身的人不值得羡慕；他认为，因为门德尔松对沃尔夫的哲学非常感兴趣，所以他或许想通过翻阅朗格的书进入沃尔夫哲学。而我认为更可能的是，**他曾经阅读过沃尔夫的著作**，并且
265 由此才发现了朗格的这一比较。

沃尔夫的反驳怎么能够如此令人信服地证明：“人们”，正如海登莱希先生所言，“不仅能从火推导出水，而且能从斯宾诺莎推导出莱布尼茨的和谐”？这一反驳怎么没有给格外敬重沃尔夫的门德尔松留下深刻的印象？这一反驳怎么不是源自这位重要思想家令人嫉妒的才思？其原因可以在以下对话中找到：“现在我可以理解”，门德尔松让他笔下的斐勒同说道：“沃尔夫对前定和谐的设想，为何和莱布尼茨反对培尔时为前定和谐所做的辩护一样。因为他不敢确定单纯事物的力到底存在于哪里，所以他也不能确定是否一切单纯事物都拥有表象，是否复合物的广延和动力通过这些表象能够说明自身。”①

---

① 参见门德尔松的哲学著作，第 207 页。早先在第 204 页斐勒同说道：“您不认为，关于这种意见（Meinung）莱布尼茨似乎自身都未能达成一致？举个例子，他关于单子论的阐释与他在《学术纪事》中首次将其公布于世时的论述截然不同。”——而诺斐尔回应道：“莱布尼茨只不过是以不同的形态阐释他的意见，如他的目的一向要求的那样。在单子论中他将它展示为源自单子体系的结果……我们的哲人只是不愿和谐的命运绝对依赖于单子的命运……他尝试使其在他的体系以外行之有效；他在《学术纪事》中便是如此。”

这里存在着一些疏漏。

莱布尼茨从未将他的任何著作命名为单子论。1714 年他在维也纳为欧根·冯·萨伏伊亲王著写《基于理性的自然与恩典的原则》。作者逝后两年该文由《欧洲学术》（Europe Savante）再版。在 1720 年，德文译本面世，人们冠之以单子论之名。1721 年该文的拉丁文本以“哲学原理”为题发表在《学术纪事》增刊第 7 号（迪唐版错为第 8 号）。莱布尼茨曾将其法文原版手稿传与他的一些朋友分享，但是这并不表示

此文比其它围绕这一问题的论文更应被称为单子论。对此，莱布尼茨在给雷蒙德的信中写道：“我寄给您一篇我应欧根·冯·萨伏伊亲王所邀就自身哲学所撰写的小文。我希望人们将这篇文章与我在莱比锡、巴黎以及荷兰的刊物发表的内容结合起来，从而更好地理解我的思想。我在莱比锡的刊物中尝试保留学术语言；至于其它刊物，我则决定按照笛卡尔主义者的行文，而现在撰文，我喜欢采用让不太熟悉论文叙述的人易于理解的方式表述。”《杂论集》，第二卷，第 144 页；《著作集》，第五卷，第二部分，第 12 页。

莱布尼茨通过《学术纪事》首次使他的体系为人所知，其中他应该并非以单子为出发点。尽管如此，该文的题目依然是：“实体的本性与沟通，以及灵魂与肉体的结合”（De la Nature & de la Communication des Substances, aussi bien que de l'Union qu'il y a entre l'Ame et Corps）。事实上，文章的出发点也在于确定实体概念，即一个单纯本质的即自身能动的有生机的力的概念，这一概念遵循感觉与欲求的类比活动，如同灵魂能够被必然思维一样。其余一切皆可从这一概念以及使其成为必然的唯一事物中推导出来。“我的和谐”，莱布尼茨在其关键的阐释中说道，“并不是任意的假定；它是我单位学说的结果。”——因此实际上我在第一篇论文、《基于理性的自然与恩典的原则》，或者《哲学原理》之间并未看到实质差别，相反按照作者自身的评述，其中只存在表述妥帖与委婉的差别。巴黎的那篇文章里并未出现单子一词，前定和谐这一表述同样也不在其中。莱布尼茨在《新系统及其说明》中首次使用这一表述，以回应傅歇的质疑；而培尔大约忽略了这一点，他在《词典》第二版谈及这一称谓，仿佛它在拉弥神父（der Pater Lami）反驳莱布尼茨的哲学体系时才被首次使用。因此在莱布尼茨的单位学说面世多年之后，它仍未成为一个真正的称谓。

莱布尼茨从未以前定和谐，也就是从未以某种在预设两个完全不同实体的前提下被考察的单纯假设为出发点，他不以这个角度切入只是为了维护自身的体系，反对其它体系，对这些体系而言那种预设是基础，然而这些体系的支持者仍然想在他的体系中挖出一些谬论。

培尔很难被归为此类对手，毕竟莱布尼茨本人亦未将其列入在内。培尔的异议造成了更为深刻的影响，因其关乎体系本身，直指它的根源，并且囊括了整体的相互联系。莱布尼茨也力图通过他体系的最内在根据来反驳这些异议，但是这种对体系深处的洞察、对体系形式的阐释并未得到延续，正如莱布尼茨对培尔的第二次回应。此外我参阅了他思想当中切中要害、内外规定、优美又深刻的譬喻（《杂论集》，第二卷，第 428 页；《著作集》，第二卷，第一部分，第 83 页）；对他体系的双重形式的阐释（《杂论集》，第二卷，第 431、132 页；《著作集》，第一百部分，第 84 页）；对灵魂与伊壁鸠鲁原子之比较的卓越批判（《杂论集》，第 435—438 页；《著作集》，第一百部分，第 85—87 页）。——原注

266 尽管我既无法赞同门德尔松对莱布尼茨的判断（下面我会
说明），也无法赞同他对沃尔夫的判断，但是我还是为能够找寻
到未能给门德尔松留下印象的原因感到欣慰，若是提出异议的
朗格仅仅满足于当事人沃尔夫的一句话，“莱布尼茨教导说，灵
魂与身体是两种不同的现实实体，思想与广延则是不同实体的
267 属性”。实际上敏锐的沃尔夫非但没有在某种程度上误解莱布尼
茨，相反他的教条主义著作完全正确地理解了莱布尼茨，而且，
尽管他没有想要构建和莱布尼茨一样的学说，但他还是完全透
268 彻地理解了莱布尼茨。[①]

依照直接摘自沃尔夫哲学的段落，人们也不会认为莱布尼茨的单子论得自斯宾诺莎，这一点让海登莱希《对话录》中的克塞诺芬尼（Xenophanes）感到诧异。他引述了斯宾诺莎的一段文字，以便找到契机谈论这一点，并且指出**这一段重要的文字似乎被完全忽视了**。[②]

269 然而我认为它并未被忽视，我甚至在写给海姆斯特乌斯的信中逐字逐句地将其抄录，以表述斯宾诺莎；[③]而且我在1785年4月21日致门德尔松先生的信中亦明确参阅了这一附释。[④]理解

① 参见《一般宇宙论》（Cosmologia Generalis），第294页，着重考察末尾数行。此外，参见《理性的思想》，第二部分，第215—219页；特别是第370页以及第381页。——原注

② 卡尔·海因里希·海登莱希（Karl Heinrich Heydenreich）：《论斯宾诺莎的自然与上帝》，第100页。

③ 初版第98页，当前版本第142页。——原注

④ 命题22的附释。这一附释属于《伦理学》第二部分命题13，且被同一篇文章引述两次。命题15与命题17附释。——原注

何为单子的人不愿在斯宾诺莎哲学的任何一个部分中发现单子论。我们还仔细地考察了这一概念在莱布尼茨哲学中的发展，以至于对它的谱系（Genealogie）产生了疑问。然而同样不能也不该否认的是，莱布尼茨与斯宾诺莎哲学中区别个别事物的诸形式之间，这些个别事物联结的方式之间，以及它们如何相互规定实存、行动与受动、改变或保持其处境和性状的方式之间，以自身直接的欲望、每一个特殊本性的内在冲动、束缚（似乎以整体的需求、规定与前定和谐为前提）为根据的自由之间，存在巨大的相似性。

一般来讲，莱布尼茨或多或少对斯宾诺莎有失公允，对此我没有也不想发表意见。两人追随笛卡尔以我思为出发点，如果有人说其中一位偏重于思维质料，另一位偏重于形式，也并非完全错误。但是，假如莱布尼茨确实曾大量借鉴斯宾诺莎，那么人们就无法理解斯宾诺莎为何在当时声名狼藉，也不可能责怪莱布尼茨完全不援引这位哲人知名的学说。众所周知，莱布尼茨是何等地倾向于以前人的思想为依据，找出他人与他的概念之间存在的每一种相似。“真理”，他说，“要比人们以为的更加盛行；然而真理常常被美化，更多的时候被遮蔽，偶尔被彻底削弱、彻底曲解，甚至因为掺入杂质而被腐蚀。如果人们关注古人或者更准 270
确地说前辈究竟是在何处发现真理，那么便会从污泥中发现黄金，从沟渠中发现宝石，甚至真正地产生某种永恒的哲学。”[1]人们发觉他的著作一有机会便会复述同样的思想与祈愿。下面这

① 汤姆·笛·梅佐：《杂论集》，第145页。——原注

段极为优美、极富教义的文字曾经出现在他首次回应培尔的文末，而且它也有助于本文收尾，因为它在此不只契合一个目的。

“考察此类体系得知，人们越是探究事物的根据，真理就越会显现在大多哲学流派的学说之中。怀疑论者断言的‘感性对象缺乏实质的现实性’；毕达哥拉斯和柏拉图将一切归之于的和谐或者数、原型、概念；巴门尼德与普罗提诺的区别于斯宾诺莎主义的一和一切；斯多葛学派与其它学派的自发性协调一致的事物的联结；始终相信感觉的卡巴拉主义者与赫墨斯主义者的生命哲学；亚里士多德和经院哲学家的诸形式与隐德莱希，以及德谟克利特与近代人对一切特殊现象的机械性阐释——人们发现所有这一切皆在可透视（perspektivisch）的焦点下统一起来，即使一个对象在其它视角下皆显现为混乱，该焦点还是能折射出它的合规则性及其各个部分的协调一致。迄今为止，教派精神皆非正道。人们皆在作茧自缚，因为已不再接受他人的教诲。”[1]

① 汤姆·笛·梅佐:《杂论集》，第417页;《著作集》第二卷，第一部分，第79页。——原注

附录VII

在这本书里人们经常参阅以下这篇文章，但是下面三段文 271
字才是真正的“经文”。

“斯宾诺莎的神是一切实在之物中实在性的纯粹本源，是一切实存当中存在的纯粹本源。斯宾诺莎的神完全没有个体性，是绝对无限的。这个神的**统一性**以无差别的统一性为基础，[1]因此并没有排除一种多样性。”

“每一条证明之路都将引发宿命论。”

“莱辛坚持以自然的名义言说一切；而对我来说，并不存在任何关于超自然之物的自然哲学，尽管这两者（自然之物与超自然之物）显然已经存在了。”

在斯宾诺莎之前，经院哲学家已经使用无差别原理解释神性中的三位人格学说如何与神性本质的同一性学说相统一，而且一般地说明为什么只有一个神能够存在。同样，我们在经院哲
学家，甚至在教授箴言的先师（Magistro Sententiarum）那里 272
发现了为所有个别事物所共有的普遍本质的概念，发现了一个

① 参见《伦理学》第一部分命题5的证明，在那里斯宾诺莎开始证明只有一个实体能够存在。——原注

实体概念，无数特殊的存在物仿佛在其中分裂，且无处不复归于这一实体。关于这个概念我们可以一直追溯到亚里士多德，甚至还可以更远地追溯到最古老的哲学上去。

一般来说，人以前因为最初的需要放弃了对持存者的探询，这种持存者存在于自然的围绕着人、充满着人的变化不居之物中；而这种探询必然把人引入甚至推向道德领域和自然领域不可不考虑的序列。要考察人的杂多的思想体系，我不知道还有什么视角比这更有趣。在此我需要关注后面的结果，尽管它仅仅与思辨的理性相关。

人们似乎将感官召唤在一起，以便比较感官对事物的见证，之后在对象面前审问感官，但是对象却不愿接受这些要求；人们还没有勇气像藐视法庭一样藐视对象，因此只能做出如下预设：对象始终以同样的方式提供给所有感官去认识的东西，是属于对象本身的，是真正客观、持存的，就是说耳听之物能够与眼见之物相同，触碰之物能够与嗅觉神经触及的东西相同，简单地说在更高的知性中的共通感（Sensus communis）表现了关于对
273 象的一切知觉的α和ω。

人的知性以这种方式神秘地净化关于现象的一切，从而保留了如下概念：实存与共存，作用与反作用，空间性和运动，意识和思维。在我们确定这点之后，每一个在一定程度上彻底反思人的认识能力的人都能洞见思辨理性处于怎样的状况。人们在考察中将引出如下结果。

所有知识的本源是有生命的实存；并且所有有生命的实存都源于自身，它们是进展性的、生产性的。一条虫如果没有按照

它的生命原则进行联结以及产生它的状态表象的想象力，它的蠕动与它迟钝的悲欢都不可能生成。现在，存在者以这种方式产生的可感知的实存越是丰富，这样一个存在者就越有活力。如果在当下产生的生命在下一个瞬间不再消失，那么它必然也存有创造性的本质。在维持生命（它享有自身，因此配得上生命这一名称）的方式之中，我们还不知道有什么东西被证明比语言更有力。任何一个人都认识到了理性和语言之间的紧密关系，同样就认识到了我们无法理解比由理性构成的生命更高的生命。[1]
抽象和语言的官能唤起了对更完善的知觉与更杂多的联结的需 274
求。因此理性世界产生了，在理性世界里符号和语词取代了实体和力。我们通过撕碎宇宙来占有宇宙，并且创造了一个与我们能力相适应的，但与现实世界完全不相似的**图形-观念-语词世界**。我们完全可以理解我们创造的东西，就它是我们的创造物而言；但我们不能理解任何无法以这种方式创造出来的东西；我们哲学的知性没有超出它自己的创造之外。但是，一切理解是这样发生的，即我们设定了区别，又将其扬弃；甚至发展得最为极致的人类理性也只能这样运作，其它剩余的一切都将回溯于此。**知觉**、**再认识**、**理解**按递升次序构成了我们理智能力的全部范围。

现在我复述如下：人的思辨本性的境遇注定不理想，因为它获得了质的无限的差异性，并且期望回溯到质的一些确定的性状。自然学说把它令人惊叹的成功归因于这个行动的成功。留

① “将人和其它一切事物，甚至与自身区别开来（就他被对象刺激而言）的能力，就是理性。”康德：《道德形而上学》，第 107 页。——原注

基伯和德谟克利特开辟了道路。他们的学说在经院哲学专制统治的时代消沉了，但是在十七世纪初越来越引人注目。在其之上
275 笛卡尔建立了他的新体系。

一直以来有两个困境让原子论者或者单纯的机械论哲学家感到烦恼：首先，根据物质的存在物的性状，即它的不可入性、形状、状态、量和运动不可能推导出思维者的性状；其次，不可能为运动和它的变形创造自然的实存（ein naturlihches Dasein）。

笛卡尔的学说没有消除这两个困境；相反它们因为笛卡尔的学说变得更加引人注目。[①]

这时斯宾诺莎带着他的“一即一切”出现了，在他之前的哲学家将它们的统一完全置于纷繁复杂的困境中，而他尝试把两种追问（duo quaerenda）归因于一个原则，这就是：无形式的质料和无质料的形式是两个同样不可思维的东西，因此它们的统一在任何地方都无疑是本质性的、必然的。因为现在只能作为唯一的存在者的实体必然完全地被思考为第一存在者，它的本质形式即它存在的方式也必然被如此思考。这样个别之物凭借它们的概念以一种自然的即必然的机械方式直接起源于这种最初的质料以及这质料的形式。

这种表象方式的好处和优点是，混乱（必须要梳理自身）、贫瘠且荒谬的概念将不被使用。实际上非常值得我们关注的是，
276 不仅有许多古代哲学家，而且还有大量细致、敏锐的新时代思想家，能够将千篇一律、杂乱无章的概念或者一个只是逐渐产生出

① 参见附录 VI。——原注

来的世界体系概念与必然地自永恒以来就起作用的自然原则的概念统一起来，不过却很少对两种概念相互扬弃这一洞见进行反思。斯宾诺莎没有犯这个错误，其实他想澄清：对有限的、连续的事物的实存进行说明，无论是通过它们新的表象方式还是通过某种其它的表象方式都不能实现。

他必然预设了个别事物的无限序列（一事物将在另一个事物之后趋向现实性），因此终究预设了一个永恒的时间，一个无限的有限性。他试图通过来自数学的譬喻清除那个断言的荒谬性，并且他确定其根据在于我们的想象力，若是我们将一个前后相继、客观且现实地互为根据的个别之物的无限序列表象为一个永恒的时间。但是确切地说，我相信斯宾诺莎在这里通过他的想象力欺骗了自己；因为在数学的譬喻中表象的后果没有客观性和现实性，而只有主观性和理想性。然而如果主体中现实的承继性（主体在思想中产生的）没有为后果奠基，没有将持存之物转化为流变之物，那么后果甚至都无法作为思想存在。出于任何
一个方面的需要，都应该扬弃主体与客体的分离和再统一以及 277
避免混淆它们的相互因果关系，可以说谁阻碍了相关概念的完满性，谁就制造了错觉，由此更多伟大的哲学家受到了这种错觉的蒙蔽，而且是真的受到了蒙蔽。

我将做进一步的澄清。 278

根据命题：“变并不比存在或实体更能通过它物生成或者产生”，斯宾诺莎得出了正确结论：质料自身必然具有永恒、无限的活力，并且这种活力必然是实体直接的样式。这个直接、永恒的
样式（斯宾诺莎认为表现在被动自然的动静关系之中）是个别 279

的事物以及它们不间断变化的普遍、永恒和不变的形式。现在,如果运动不开始,那么个别事物也绝不能开始。因此,这些事物在本源上是永恒的,而且按照理性来说这些事物同时存在,尽管它们具有相继性。因为在理性概念里没有先后,确切地说一切都是必然的、同时的;而且从属性的结果是其中唯一可思维的结果。因为斯宾诺莎一旦将运动、个别事物、世代以及承继性的经验概念提升到理性概念,那么对他而言这些经验概念就即刻净化除去了一切经验性的存在;并且凭借着“所有事物只有根据起源于永恒之在的生成方式才能得到考察”的信念,斯宾诺莎可以将时间、尺度和数的概念视为与这种样式分离开的、片面的表象方式,继而视为想象的存在物。理性在第一次改善这些存在物并将它们带回现实层面之前,无需给予它们任何关注。[①]

经院哲学家也在这些观点上为斯宾诺莎铺平了道路。这一学派的多数导师为了回避“时间中的创世”这个无法思维的概念——只要人们预设自然事件的序列有一个开端,这个概念总会产生——会求助于来自永恒的创世。正如斯宾诺莎的推论:
280 根据事物运动并且相互改变的事实,它们自永恒以来就已经运动并且相互改变;那些导师也推论,根据自然被造这一事实,自然的不变的创造者必然自永恒以来就已经创造了它。[②]但是导师们还必须比斯宾诺莎多克服一重困难,因为他们的神不是一个单纯的能动的自然,而是一个确实与在其实体中生成的自然不

① 《遗著》,第29封信。——原注

② 参见克莱姆:《论经院神学——博须埃的续说》,第404页,第416—419页。——原注

同的存在者。这些困难没有妨碍莱布尼茨赞成经院哲学家，也没有妨碍他宣称即使依照实体也绝无开端的创世是可设想的。[1]在 281
这一问题上莱布尼茨从不缺追随者，在我们这里有很多值得尊重的哲学家，他们认为出自永恒的个别而又连续的现实事物的
现实创造是可能的。 282

这种稍显严重的错误和斯宾诺莎所犯较为轻微的错误之产生的方式是相同的，都是混淆了原因与根据（Grund）两个概念，从而剥夺了原因的特殊性，并且出于思辨的目的使其成为一个单纯的逻辑存在物。我在别处已经阐述了这个过程，而且我相信我已经充分说明了原因概念就其与根据概念相区别而言是一个经验概念，我们将这种概念归因于我们对原因性和消极性的意识，并且这个概念既不能从根据的纯粹理想性概念中推导出来，也不能被消解成它。[2]

就像我们在充足理由律中发现的那样，这两者的统一并非不被允许，只要我们时刻铭记各自特有的根基以及何者使其成为一个可能概念。根据律说：一切依赖性的东西依赖于某物；原因律则说：一切完成的事情必然通过某物才能够完成。在根据律里，“来自某物”已经隐含在“依赖”这个词中；在原因律中，“通过某物”隐含在“完成”这个词里。两者是同一个原理，具
有普遍的、确定的有效性。但是它们的统一通过以下原理才能发 283
生：一切有条件者必然具有一个条件。这条原理同样是同一的，

① 参见《莱布尼茨致布尔盖》，《著作集》，第二卷，第一部分，第331—338页。——原注

② 《关于观念论与实在论的谈话》，第93—97页。——原注

因此同样是普遍、必然的。

如果人们忘记了这两种概念的本质差别以及这种差别的依据，那么就会自由地用一个概念替换另一个概念，并且以这种方式使用它们，因此结果就是事物未经生成就能够生成，未经变化就能够变化，未经先后排序就能够排序。[1]

如果人们没有忘记这两种概念的本质差别，那么通过原因概念，人不可避免地与时间相关，行动的概念也必然被设定下来，因为不在时间中发生的行动就是一个杜撰之物。在这里观念论即便使出浑身解数也无法逃脱困境，它只是采用了一个缓兵之计而已。[2]

有了这些解释，如果听到我说人们绝不能形成一个由个别的有限事物（它们在一个序列里相互生成、毁灭）构成的连续的世界的概念，换言之，我们不能自然而然地解释这个世界的实存，似乎就不应该再大惊小怪。因为如果我想把这些事物的序列思考为现实无限的，那么就会碰上永恒时间这个荒谬的概念，而数学图形又不能将其清除。如果我想让序列有一个开端，那么
284 我又缺少开端的起源。如果我说这个开端是一个有理智的意志，我实际就是在说一些废话。因为就像先行于其任何部分之存在的物的概念的生成（例如先行于全部有机体的某一种有机体的概念），并不比独立于一切概念的对象的生成更容易理解，同样

① 因此自因（Causa sui）有它的实存。由于“一切事物都必然有一个原因”这一原理确凿无疑，人们很难说“并不是所有的东西都能有一个原因”。因此人们发现了自因，而且必然会有后果归属于它。——原注

② 《关于观念论和实在论的谈话》，第97—100页。——原注

在只居于自身并通过自身持存的永恒理智中，在永恒理智的意志的规定中，存在一种时间由之开始的变化，与物质中存在一种自发的运动一样匪夷所思。

两条路径都很难让人理解。但是理性无须因为这种不可理解而陷入绝望，因为某一种知识似乎把自己强加给理性，这种知识指出一个延续的世界实存的可能性所需的条件存在于它的概念的领域之外，换言之，存在于有条件的存在者即自然的关联之外。因此如果理性寻找那个条件，它就是在寻找自然之物中的非自然者或者超自然者，或者是又将自然之物转换为超自然者。理性这种行为因为违背了它的使命，就不能进一步接近它 285
的目的，而仅仅只能揭示有条件者、自然法则以及机械论[①]的不 286
断更新的条件。尽管如此，理性没有放弃，而是保有期望，因为理性现实地认识它们那一类无条件者，并且在这种认知中取得不同层次的进展。理性一般性的工作在于渐进式的联结；而它

① 如果我们能够从事物最切近的原因中将其推导出来，或者根据序列洞见到它们直接的条件，那么我们就理解了事物。以这种方式洞见或者推导出来的东西向我们展示了一种机械性的联结。例如，如果我们清楚地知道如何表象圆的形成的机械的或者物理的性质，我们就理解了圆；如果我们已经现实地认识到人的知性在判断和推论时所服从的法则、它的物理性和机械性，我们就理解了三段论的公式；或者如果我们清楚变易、一般概念的构造以及它的物理性和机械性，我们就理解了充足理由律。一般概念的构造是一切构造的先天成分；同时对这种概念构造的洞见允许我们完全确切地认识到：我们不可能理解我们不能构造的东西。因此我们对这些东西的质无法拥有概念，而只能拥有直观。甚至我们对自身的实存也没有概念，而只有情感。我们只有关于图形、数、位置、运动以及思维形式的真正的概念。当我们说我们研究了质时，我们只是在说我们将质还原为、分解为了图形、数、位置和运动，因此我们客观地消除了质。由此我们不用进一步论证就能很容易意识到，为了产生这个世界的实存之可能性的清晰概念，理性付诸的努力在任何一种情况下都必将是这样的结果。——原注

的思辨性工作则在于按照已被认可的必然性法则即同一性法则进行联结,因为理性只能理解一种必然性,即理性确立自身是通过分离与再统一这种渐进式的持续过程,通过交替持有与允让(Lassen)并最终以同一性原理呈现这种必然性。但是人的语言和名称本质的不可规定性、以及感性形态的变化几乎无一例外地允许这些原理比单纯的“任何存在者存在”更具外在的威望,比在某个时刻感知、观察、比较、辨识并联结其它概念的单纯事实更具外在的威望。所有理性可通过分析、联结、判断、推论和反思而得的,都只是单纯的自然之物,并且理性作为受限的存在,也属于这些事物。但是整个自然、一切有条件者的总括向探索的知性揭示的,并不比包含于自身的东西即杂多的实存、变化、形式游戏更多——它们绝不是现实的开端,绝不是某个客观实存的真实的原则。

但是,理性怎么会接受这个不可能的任务,或者说非理性的任务?这是理性的罪责还是人的罪责呢?理性误解自身了吗,或者只是我们误解了理性?

为了解决这个听起来奇怪的问题,我们必须提出另一个听起来同样奇怪的问题:**人占有理性还是理性占有人**?

如果人们把理性理解为人的灵魂,仅仅因为目前它有着清晰的概念、用这些概念做出评判、引出推论,继而又建立新的概念或观念,那么理性就是人逐步获取的一种特征,一种他使用的器具,在这层意义上,**理性归属于人**。

287 但是如果人们把理性理解为认识的一般原则,那么理性就是构成人整个生命本性的精神;人由理性构成,在这层意义上,人是由理性预设的形式。

我从整体而非切割成的部分来考察人，发现人的意识由两种原初的表象，即有条件者的表象和无条件者的表象构成。两种表象不可分地相互联结，以至于有条件者的表象预设无条件者的表象，并且只有伴随着后者才能被给予。因此我们最初不需要寻找无条件者，相反我们对它的实存与对我们自身有条件的实存持有同样的确定性，甚至更为确定。

因为我们有条件的实存以中介的无限性为依据，所以一个不可忽视的领域向我们的研究敞开了，而且我们已经因为身体的持存而不得不对之加以探讨。所有这些探究以揭示何物中介了事物的实存为目标。无论何时我们洞见到事物的中介，就是说当我们发现了它们的运行机制，只要我们有手段，也就能够造物。无论是何物，只要我们能够以这种方式、至少在表象中构造，我们就能够理解；如果我们不能照此构造，我们也就不能理解。

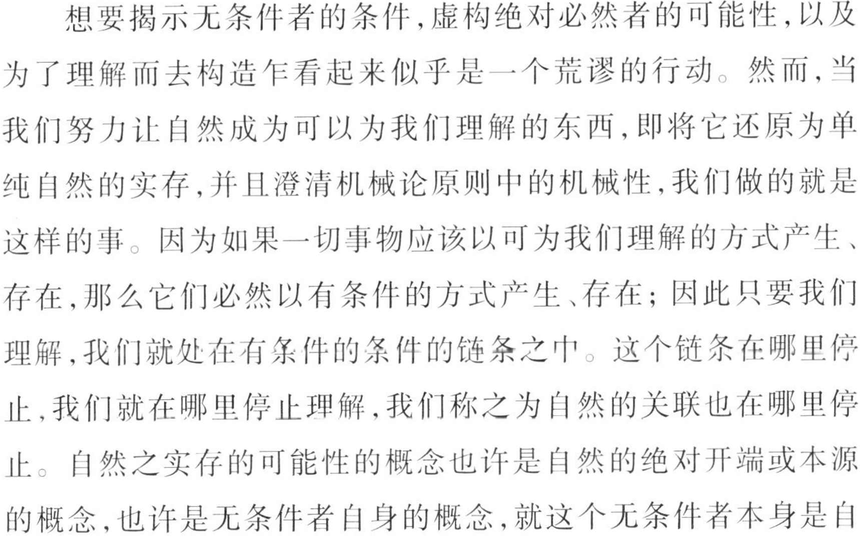

想要揭示无条件者的条件，虚构绝对必然者的可能性，以及为了理解而去构造乍看起来似乎是一个荒谬的行动。然而，当 288
我们努力让自然成为可以为我们理解的东西，即将它还原为单纯自然的实存，并且澄清机械论原则中的机械性，我们做的就是这样的事。因为如果一切事物应该以可为我们理解的方式产生、存在，那么它们必然以有条件的方式产生、存在；因此只要我们理解，我们就处在有条件的条件的链条之中。这个链条在哪里停止，我们就在哪里停止理解，我们称之为自然的关联也在哪里停止。自然之实存的可能性的概念也许是自然的绝对开端或本源的概念，也许是无条件者自身的概念，就这个无条件者本身是自

然无条件的条件而言，就它不是自然地联结着的或者对我们来说是非联结性的而言。现在如果这个无条件的、非联结性的因而外在于自然的存在者的概念变成可能的，那么无条件者将不再是无条件的；它自身必须要获取条件；绝对必然的存在者必须要开始转变成可能者，由此让自身得以构造。

现在按照以上所述，无条件者必然处在自然之外，处在所有与自然相关的自然联结之外。但是自然或有条件者的总括以无条件者为根基而与之相关，因此这个无条件者必须被称作超自然者而不能称作其它。自然或者宇宙只能以超自然的方式从这
289 种超自然之物中产生。

此外：既然所有存在于有条件者的联结或自然的被中介物之外的，也存在于我们清晰的认知领域之外，并且不能通过概念得到理解，那么超自然者将无法被我们理解，除非按照它被给予的方式，即作为事实，它在！

所有人都称这个超自然者、一切存在者的存在为神。

宇宙的神不仅能够是宇宙的建筑师；他还是创世者，他无条件的力根据实体创造事物。如果神没有按照实体创造事物，那么就必然有两个相互联系着的（但无人知道它们之间有着怎样的关系）创造者。这种荒谬在我们这个时代不值得驳斥，但不是因为它太过宏大，而是因为它不在我们的表象方式中。我们也反对事物依照实体生成，这是因为我们只能理解以自然的即有条件的和机械的方式发生的生成。

我多么希望能够使这些原理及其结论可被理解，就像它们对我来说清晰自明一样。那样我们不仅能看到要求证明上帝存

在是违背理性的，而且通过这一洞见我们也可以理解授予我们知性和意志的（两者被塞进了共在，即依赖性和有限性）第一因为何必然显现为一个不可能的且完全荒谬的存在者。人们越是通过第一点充分地认识第二点，就越会清晰地看到下面这个推论的不可靠：**既然神不能是人或者不能是肉身的存在者，那么个** 290
体性和理智也不能属于神。

尽管我们是有限的存在者并且受自然奴役，但是通过我们对意志运行中的自发活动的意识，我们拥有或者至少看似拥有与超自然者类似的东西，就是说在我们之内有一种与非机械性作用的存在者类似的东西。而且，既然我们根本不能现实地表象任意一种变化之可能的开端，除非这个开端因为内在的决定或者自我规定而引发，因此理性的单纯天性已经促使所有未开化之人将每个被他们见证过其起源的变化视为一种行动，并将它与有生命、能动的存在者联系起来。他们犯了错误，因为他们直接引出关系。但是他们的错误完全情有可原，而且远没有我们想将一切都消解在机械论中犯下的错误严重，因为我们对于一个事物的清晰表象不会超出它的机械论的表象，也远没有我们不可理喻地要求机械论原则如果要有客观性的话，必须表现出机械论犯下的错误严重。但是一般表象的可能性中已然存有某种 291
非机械性的东西，而且没有人能够将生命的原则、知性和意志的内在源泉表象为机械联结的结果，即单纯中介的东西。一般的因果性甚至更不能被视为单纯中介的结果，或者以机械论为根据。因为我们没有得到因果性哪怕最轻微的提示，除非直接通过我们关于自身因果性的意识即我们的生命原则，显然它同时把自

己表现为一切理性的原则。我看不出人们如何能够避免将一般的理智，即最高的现实的理智预设为第一且唯一的原则，一个真实的本源的存在者——这种理智不再能以机械论的形象设想，而是必然被思考为绝对独立的、超越现世的人格性的存在者。

我总结如下。

于我们而言可能的表象只是那种能够按照我们的知性法则生成的表象。知性法则在主观上和客观上皆与自然法则相关，以至于我们只能形成单纯的自然之物的概念，就是说我们只能这样思维：凡通过自然无法成为现实的，在表象中亦不可能。那么矛盾的是，自然已经产生自然，或者自然已经按照自然的进程生成；同样必然矛盾的是，我们发现自然违背其自身的进程也就是说直接生成，而我们只有依照充足理由律即通过中介才能思维和把握这一自然。理智一旦也服从于充足理由律，即自然必然性，正如我刚才指明的那样，那么理智的介入就不会给事物带来
292 任何改变。相反，若是自然之物只有以超自然之物为基础并在它之下才能被把握，矛盾将会立即消失。

若是我们记得我们必然会将变化的原因同时认定为实体本身的原因，这一点将更为明显。现在我们关于后者，即事物如何按照实体获得实存或是仅仅拥有这样一种实存，绝对无法形成表象；而且因为这不可能，所以关于变化的**最初的直接源泉**的表象也必然同样不可能。如果我们理解此二者中的一个，那么我们也必然理解另一个。因为我们对于现实的真正开端既无表象也无经验，而且处于变化之中或通过变化而被给予的现实开端的知识或者说现实实存（实体的内在可能性）的知识与经验、表象

以及概念的本质直接冲突，所以世界是否存在一个开端从我们的视角来看就是一个极为不审慎的、愚蠢的问题，一个要么无法理解、要么不值得回答的问题。很明显，原因在于世界尚未开启我们称之为开端的东西；此外，还在于世界必然已有一个开端，同时又无一个开端。这对另一种情况同样有效——世界自永恒 293
以来已然存在开端，因此世界尚未开端并且已然开端。这并不是两个相互对立、彼此扬弃的断言，恰恰相反，此二者当中皆存在着一种矛盾，这一矛盾为双方所共有，只有通过关于其本源的洞见才能被完全克服。

如果这一矛盾得以克服（或者它亦将平息，若是人们认为它扰人心神，却又无法解除），那么就其实存得到确认的超自然之物而言，我们已然做出了决断，不论我们认为它是一种盲目的不现实的本质，还是一种理智；我认为，在此做一抉择对我们来说并非难事。

294 附录VIII

“有什么样的冲动，就有什么样的感官；有什么样的感官，就有什么样的冲动。人们不能人为地设法通过理性成为有智慧的、有道德的、虔信的存在者：他必须被推动到理性上去，然后才推动自己；他必须被组织，然后才组织自己。”

这一段文字受到很多嘲讽。我在新版本里没有对其进行讨论，因此在结尾处就更不会考察了。这段文字无须辩护；而且它应该得到比上下文更多的阐释，因此这本书不止一处指涉这事。仅仅为了展示加尔夫一处极美妙的文字，我给上段文字添加了附录，我写下那些文字代表我切实思考了加尔夫的文字。我绝不会忘记初读的时刻。将它抄印下来的感觉，是对我工作的褒奖，我把它作为我著作的结尾，因此在一定程度上它也属于我。

加尔夫对西塞罗《论义务》第二卷的注疏：

“我们看到：我们的性情（Temperament），就是说通过身体、体液的混合以及神经的状态产生的灵魂的把握力，对一些人来说可以促进德行，对另外一些人则起阻碍的作用。为了让我们更加变得完善，我们内心的所有劳作（因为身体是最切近的客体，它一直影响我们，没有它我们不能发挥作用）皆将导致以下
295 后果：如果性情出现问题，我们将尝试抑制它，最终将它完全驯

服并使其服从我们的灵魂——这是一场争夺领地、巩固统治的战争。虽然精神、对善的洞见以及行善的偏好足够强烈以至于可以抵制起源于身体和感性的激情，但是不足以给予身体另一种倾向并由此消除那些激情的诱因，很久以来这种争执一再引发痛苦。而且，因为可被另一种力克服的阻力是这种力唯一的尺度，那么我们将主要在这种争执中寻找我们所有的德行，并且根据这种争执评估他人的一切德行；灵魂的完善性以轻松、愉悦的方式表现自身，且契合性情和情境，我将仅仅通过努力和多次反思学着承认这种灵魂的完善性与德行相似。因此理应以德行作为酬答的现实能力，就感觉而言更为贫乏，就其根源而言则更为含混。”

“幸运的是，道德世界最好的观察者，在自身中拥有德行的高贵萌芽，他们将会觉察到：植物如果要生长，不仅要遏制、监控 209
周边的杂草，而且要改良土壤。我们的性情、感性的爱好和冲动以及我们的身体能够通过精神的持续运作不断改变自己，直到达至某种程度。”

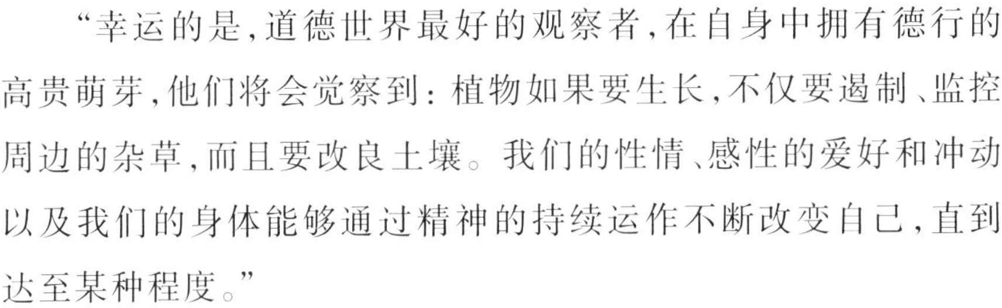

“病躯的缺陷甚至也会得到赐福，这缺陷常常教导我（尽管还不是那么清晰）精神在一定程度上支配着身体。我甚至从经验中获知精神力的投入也能支撑疲倦的身体，并且能够在某种 296
程度上让它充满活力；此外，如果灵魂完全安宁、冷静下来，那么偾张的血脉也将温和下来，而且激荡的生命精神也会沉寂下来；疼痛如果不再剧烈，就会向硬撑着疼痛的灵魂经久不衰的忍耐让步。换句话说，所有这一切都有它的目的；如果灵魂在长久的对抗之后沉静下来，那么恶习最终也会更加顺利地被祛除。但是

更卓越的人比我做得更好。谁的心情不会变得明朗呢，若是他阅读了苏格拉底的表述，享受到了幸福，意识到自己每日都在变好？这类人（我相信他们存在）知道身体及其性状乃至外在的事物（通过他们起作用）将模仿灵魂这个典范到一定程度；知道在人这个机器内有哪些原因会将愤怒、欲望驱赶到远比恶或者善的程度（即便放任自己的精神，也将在对象中知觉到这一程度）更高的位置上。而我要说，这些原因的影响将会越来越微弱，并且将会与知性的那些判断越来越一致；人们甚至将会在这个过程中感觉到血肉的分离以及思维着的、有精神的存在者的普遍优越性。”

第三版扩展部分
（1819）

序　　言 299

收录在我全集第四卷中的著作《论斯宾诺莎的学说》似乎违背了时间顺序，整个文集、至少哲学著作的次序似乎以这些书信为起点更为妥帖。依照当前文集第三卷的评论者从《哥廷根学术通告》援引的根据，作者最后希望尽可能完全遵循时间顺序，因为：所有这些哲学著作完全交织在一起，进而相互补充、相互规定，这本身就很清晰地说明了一点，即思想的先后顺序对作者而言是一目了然的，但是乍看之下他的哲学进程是混乱芜杂的。但是，外因和这些内因相互对立，而且前者倾向于服从后者——尽管这很难发生。1811年汇编这套文集的时候，德国几近禁止公开的学术交流，因此出版这些著作以及部分尚未印刷、部分散见于刊物中或是作为小册子遗落的文章显得迫在眉睫。这些著作即《爱德华·阿尔维书信集》[1]与《关于观念论与实在论的谈话》已经在书店售罄多年，然而却一直面临巨大需求。就《阿尔维书信集》而言，我想略作让步，因为它适合出现在它那个年头，但事与愿违，它未能完成。此外，实际上就内容、讲演而言，它含有一把真正开启我的著作的普遍之钥。读者可以查阅 300

① 后文简称《阿尔维》。——中译者注

《阿尔维》序言第11至13页中关于这一部分的内容。《关于观念论与实在论的谈话》应该放在论斯宾诺莎的著作前面，因为它既可以视为一本更老的作品，同时也可以视为一本更新的作品。它晚于《致门德尔松先生的书信》两年，早于1789年完整呈现的著作《论斯宾诺莎的学说》两年。后者常常涉及前者，即《关于观念论与实在论的谈话》。总之这里并不建议严格遵守时间顺序，因此我决定将全集的导论即《关于观念论与实在论的谈话》的序言放在前头，从而解决问题。每位读者都知道这一系列著作以《致门德尔松先生的书信》为开端，而且其中的主要内容对他们而言仍历历在目。

该序言第4至7页中提到我为何没有修改新版《关于观念论与实在论的谈话》的年份，将其伪造为旧版，而这几页内容更有利于人们理解《论斯宾诺莎的学说》。这本著作的进程完全是历史性的，它不是被造的，而是生成的，而且人们当下必须允许一切事物以某种方式在其中产生，此后在其中存在，而无需对它进行美化或改善。删减与增补、修订与完善的尝试将永无止境。因此经过深思，我决定不为此书第三版添加新的注释，相反我更
301 像是一位已故作家的编者。1789年版本缺失的某些结尾段落，我依照1785年版本将之恢复，因为比起后来冷静的思考我更信任原始的灵感，前者往往无法再发觉交谈之初沉压在精神中的东西。伏尔泰曾在类似的意义上捍卫自身的一部作品，反对追求过分的精雕细琢，“让孩子就这样留下吧，他身居山丘，可是怡然自乐。”尽管似乎也可以将山丘移除，但是这样做太过冒失，因为人们是在铤而走险，妄图侵犯生命的驻地。我认为我将依循这

些原则处理我的作品，因此就让山丘留在原地。

现在，如果有兴致的读者真正地理解了这一点，那么同样可
以期待其理解另一点，即我的著作集及其讲演的总体内容。打开
它们的普遍之钥已经在上文述及。然而人们并不总是能够找到
它或使用它，反而时常尝试用其它关涉诸时代的总钥匙、副钥匙
取而代之。有一点可谓显而易见：撰写这些著作的只是一位关
注本性或者品格的哲人或作家；对他来说科学与真理并无绝对
的价值，他对真理的爱只是隶属的、有利害关系的，因此是一种
非纯粹的爱；他缺少一种纯粹的逻辑热情，即缺少一种完全不受 302
研究结果影响的对真理的纯粹的爱，这种爱构成了思维真正的
道德性；他的头脑与内心一同发展，由此必然是非哲学性的；最
后，弗里德里希·海因里希·雅可比先生进入概念与文字的个体
生命的精神则凝聚为他所有的描述与学说。

这些判断并非毫无根据，尽管听起来非常苛刻。甚至在七
年之前写给弗里德里希·库博的信中我就已经做出过公开声明，
明确表示我接受上述判断，原话如下："我通过最初的、于我而言 303
停留在意识中的思想寻找真理，而后通过我所有的思想殚精竭
虑地寻找，但无论是在当时还是其后，我都不会出于虚荣而企图
借助真理或借助由我揭示或因我问世的内容来粉饰自身。我渴
望一种真理，它不是我的造物，相反我才是它的造物。它会填补
我的空虚，将光带入笼罩我的黑夜，让光在我眼前、心中闪耀，正
如它在我的内心发觉光的预兆一样。如果知识无处不在，那么我
会从这个预兆出发，绝不对构成我知识的事物漠然视之。因此我
不应当炫耀那种纯粹的莽撞，按照当代某位伟大人物的说法，鲁

莽才是哲学的真正精神，而且哲学的整个目的总是将自身推入无限的事物之中；相反，我已经证明我怀疑自己多过怀疑他人的偏见，同时经过检验我已经证明我始终比单纯且纯粹莽撞的哲学家更公正，而且我仅仅为此感到自豪。如果人们希望他们不偏不倚，那就是过于奢求了。如果完全漠视客体，那么主体对他们而言必然也不是一切，就像彼处的公正性趋于完善，此处的偏见就会趋于无限吗？”

目前，我仍未否定该声明中的任何内容，相反完全地肯定它，因此下述指责无疑是合理的：我只尊敬、热爱这类并非高于一切的科学和知识，确切地讲，如果说它们于我而言拥有一种无与伦比的价值的话，那么显然是因为它们自身必然包含的内容，我才尊敬、热爱、追求它们。在此，如果说《阿尔维》序言中的话语对我的哲学、品格与艺术来说极为重要的话，那么向我的同时代人诉说遗言就是我长久以来的愿望。只是黑夜骤然降临，生命的阴影每时每刻都在加重，已经模糊了我的双眼，而我的精神被一种如同新曙光的思想所照亮。命运很少容许我通过作品来传达足够丰富的含义。

我的哲学思考向来不是漫无目的的，相反它拥有一个确切的目标。我甚至毫不在意单纯时而在此、时而在彼开端或转向的自我理解；我想理解某物，即理解我天生的对不可认知的上帝的虔诚。如果自我理解将我引向以下结论，即关于上帝——人们向
304 其祈祷，因虔诚不再承认别的神——的一切信念都是愚昧无知的，那么我将从中吸取教训，引以为鉴，然而我尚未实现诉求，尚未揭示并在一切领域中再次发现作为一切科学的第一根据的上

帝。我的目的绝不是为学派创立一种体系；我的著作源自我最内在的生命，并且获得了历史意义；在某种程度上我不是自己在随意地创作，而是被一种更高的、对我而言不可抵制的权能拖曳着。这种反思与传达的方式被称为人格性的，无疑我的哲学是人格性的，以宗教为哲学的人的哲学亦是如此。他们的哲学追求的不是一般真理——无思想，譬如一般的实存或者现实性——而是一种具体的、满足心灵与内心的真理。同时其它任何哲学对我来说仅仅只是教席的敲门砖，只是文字、语词，归根结底并非哲学，缺乏真正的价值，以及有生命的精神。

热爱真理、寻求真理意味着什么呢？人们会热爱并寻求那些不确切的、对人而言陌生且不相契合的东西，那些将他及其精神性实存摧毁的东西吗？或者不如说人们因其内容确切、本己、能够提升人的精神性实存而热爱真理吗？现在假设高于一切真理的真理在于我获得的洞见：万有的根据是一，人们对实体无目的地使自身通过自身从永恒到永恒创造事物一无所知，而且这一实体凭借其无思想的现势性（aktuosität）成为唯一的存在者，一切有差别的、确定的、有思维的、充满目的的东西皆为虚妄。拥有并且享受这种真理的人就可以宣称自己获得了永福吗？人既不能追寻也不会热爱杀死他、毁灭他的真理。

这确实不会也不能发生在尘世间。人的灵魂寻找永恒不变 305
的、存在于自身中的、绝对的存在者，它不会自愿偏离真理，它想觉知投下阴影之物，而非阴影本身。所有人预先内在地将某物（他们还不能预设它，如果它不以某种方式在场）称为他们尚未拥有、尚在追寻的真理。黎明使人们睁开双眼，奇妙地预示尚未

升起的太阳。晨曦已然降临，但白昼尚未开启。唯有上帝纪念安息日，但人应该将之神圣化。如果预设真理只是理性存在者单纯主观的错觉，甚至他们无法对真理进行最模糊的直观，那么他们在一切领域的研究皆是徒然。“这种研究绝非自负！”祷告词起初给出了这一预言。

科学的兴趣便基于此。无疑存在一些仅仅处在感性之物中、而且致力于寻找更能满足感性之物的手段的科学，但是最高科学的兴趣则在于超感性之物。我和康德共同列举了哲学的本质对象：上帝、灵魂、不朽。过去在《论斯宾诺莎的学说》首次出版之时，这种意见在德国居于主导地位，而且具有决定性的分量；人们相信，莱布尼茨已经揭示认识这些对象的正确道路。从那时起，哲学作为真正的科学已经发觉截然不同的宗旨了吗？

正如宗教使人成为人，使人超越于动物之上，它亦使人成为哲学家。如果宗教性连同虔诚的决心致力于满足上帝的意志，那么也会越来越笃定地致力于获取关于上帝的宗教洞见以及认识
306 隐藏之物。我的哲学关注这类宗教，乃至一切赋有精神的生命的中心，但不致力于掌握其它与哲学没有必然关联的科学知识。自然的领域应该有助于我抵达上帝的高度。我不愿永居于自然之中，不愿在自然中学着去抛弃上帝，忘记上帝。

可能有些人现在还是会说，他们与我的哲学并不相同。为什么？我依据于一种不可否认的、不可克服的情感，并将这种情感视为一切哲学与宗教首要且直接的根据；依据于人们可被察觉、可被意识的情感：人对超感性之物拥有的一种感官。我将这种感官称为理性，区别于适合可见世界的感官。只要自我存在与人格性——而且按照康德的说法，两者是同一的——存在，这样一种使命便能广为人知，并且使人们认识理性。人们在思维的精神中看到原始之真、原始之美、原始之善的面容，而且因为这张面容，他们知道有一种精神活在自己的内心中，有一种精神居于自己之上。没有人能用贫瘠的自我理解遮蔽这张诗一般的、清晰的面容；谁无法觉察在一切真理中指引自身的精神，谁就无法看清这张面容。因此，如果我缺乏贫瘠的自我理解——正如人们所指责的那样——同时我还让读者陷入自行完善体系的境地，那么显然这对别人来说并不友好。苏格拉底为学院做了什么，莱布尼茨又做了什么呢？确切地说，这是赋予谁的呢？哲学之根必然保持不变：人的知识以启示为起点，也就是说理性启示自由，因为它启示神意；一切学说分支萌芽于这个根基。我曾多

次重申：我不能说服任何一个冷眼看待自由感的人（就像我冷 307 *219*
眼看待权力一样）。谁抗拒我描述的人格性，谁就是在抗拒我的哲学，我不为他而存在，我的学说也不为他存在。对我来说这并不总是像我现在已经苍老那般清晰明了，但是却已然在我的整个生命中获得了印证。

如果人的历史是宗教史，那为什么不是每一个个体内心的历史，每一个个体的宗教史呢？

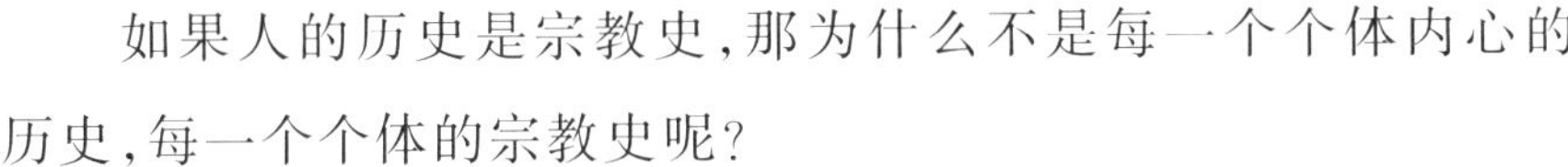

只要存在坚定的人格性，通向超感性之物的路和对上帝的信念就会在人格性中并且通过人格性以最决绝的方式进入语言。苏格拉底、基督、费奈隆通过他们的人格性向我证明了我所敬慕的上帝。于我而言，他作为人格性的创造者，比按照内在必然性的法则创造星空并且使其造物服从上述法则的存在者更加

崇高。《圣经》中的上帝比仅仅作为绝对者的上帝更加崇高，不论人们如何对后者进行美化，如何用幻想的事物加以粉饰。

我的哲学追问：谁是上帝，谁不是上帝；上帝是什么？属于自然的一切。于是康德说道："人们没有把上帝概念只是理解为一个作为诸物本根而盲目起作用的自然，而是理解为一个本身应该通过知性和自由而是诸物的创造者的最高存在者，并且我们感兴趣也只是这个概念。"[①] 我无法再以其它方式思考事情。理性只存在于人格当中，因为理性存在，所以上帝存在，而不仅仅只有神性的事物存在。后者是悬浮在知性之上的幻想的产物。我承认自己信仰基督教，与此同时我断定那些敬拜自然的人将否认上帝。

308 自然崇拜是异教徒的宗教，上帝崇拜是基督徒的宗教。德行与后者密不可分。我们体验到上帝存在，良心——不容辩驳地证实了自由的人格性——时常在我们内心强有力地跳动，人通过神性生命居于神之内。就此而言，通向超感性知识的道路是实践的、而非理论的、单纯科学的道路，对此基督说道："我是路、真理和生命。" 由此最高的善或者更确切地说唯一配称为善的东西获得了永恒的规定。如果如下这点不是天方夜谭的话：存在这样一种善，它不仅在量的比较上而且在任何方面都无可比拟地超越其它一切善，那么就存在一种现实的、真正的宗教。谁仅仅知道或是仅仅想知道时间性的善，谁就没有宗教，而且也不需要宗教。人们可能会在地面上为自身筑造穆罕默德的天堂；

① 《纯粹理性批判》，第 660 页。——原注

谁赞叹自己在这样的天堂得福，谁就不会仰望天堂里的上帝，也不会渴望不死的灵魂，反而只会追求不死的、野蛮鞭笞灵魂的肉体。因此若无道德性，则无宗教性。这便将上帝崇拜与偶像崇拜区别开来，将基督教与异教、伊斯兰教区别开来。

对真正的科学而言，抛弃上帝绝不是它的目的与企图，相反它通过本源上属人的、理性的、因为超世俗的特性而应当做出的预设——真实的东西只存在于上帝之中，并且与上帝同在——寻找上帝，并且想要找到上帝。那么，对上述科学来说，没有任何乐趣能够超过揭示真理的乐趣，揭示知识与科学的乐趣。厘清某种混乱的表象，消除似是而非的矛盾，对知性而言始终都是一种乐趣，但是比起神性事物出现在灵魂面前，比起我们升华自身以超越知性可达至的一切，这种乐趣就相形见绌了。真实之 309

物便是如此，人们可以因为自身的缘故爱它，甚至于可以爱它胜 221
过一切。这一真理也是如此，没有它，其它许多真理便将失去价值。如果其它许多真理蒙蔽了我们，那么真正的科学便没有达到预期。

我已经说过否定上帝存在是科学的兴趣；谁仅仅追随科学，不论他最终寻得与否，谁就不会忧虑上帝，追问上帝，甚至就不应追问上帝。因此这种科学必然与上文提到的真正的科学不同，反之亦然。

显然，本源之物难以消解的倒置与退化在人的全部存在和历史中呈现。人按照神的形象被造，却从高处沉沦。人的思想起初只针对上帝和属神的事物，后来却滑向虚空与迷途，而且人的知识沿着这个方向陷入怀疑、不确定与谬误之中。邪恶就在那里，一切皆已表明：最高的善丧失了，道德腐坏了，并且宗教堕落了。科学本应有所成效，而且它许诺如此，然而它却经常滋生混乱，矢口否认上帝与道德，对其阳奉阴违。一旦科学这样做，科学的兴趣就在于摒弃上帝存在，否认人的灵魂对上帝的爱为本源居于主导地位的、最初的东西。

于是，更确切地说科学只想爱它自己，尊重它自己；它不愿承认有什么东西超越于自身之上，相反它要作为一切中的一切并生成一切，它想像上帝一样存在。科学要求全知，它声称消除
310 一切怀疑，拥有完善的知识，并且被专家宣称为完全充分的学说和智慧，对此任何时代的思想家都没有一个正确的把握，他们沉沦在单纯的错误和幻想之中。这种科学，所谓真正的、唯一的科学，在于由自身生成对象，它完全自动地创造真的东西和真理，把外在于它的一切变为虚无。作为反思与知性的作品，科学使自身完满，将自身显现为固定、封闭的系统，而且必然会戳破一切预设更高的、本源的智慧并且将反思与诸体系的一切意义归因于对这一智慧的知觉的谎言，一切在其中找寻理性的利益、仅仅将知性的权力展现为派生的、就自身而言非能动的东西的谎言。全然充足的知性科学古往今来乃至日后都不缺对手。他们要么只是怀疑论者，使用知性的武器反抗知性自身，要么宣称：知性之于更高的理性，如同工具、人造机器之于有生命的肢体；创造有生命的肢体的机制无法被发明；科学是关于相互参照的知识的系统记录；它们缺少不得不被参照的最初与最终的东西；科学是人的发明，但不是智慧。这对那些以追随体系为荣的人而言似乎是一种亵渎，因为科学成为第一法则，人们不应偏离旧轨。

如果阿拉伯人谈到亚里士多德时说：他是一个四处汲取的 311
世界之杯，盈溢着虚无的世界之杯，那么他们就已经在他们的发明家那里辨认出了单纯知性科学的本质。因为依照亚里士多德所言，哲学是旨在知识的科学，是基于根据的认识，是知识的全体。对我而言，通过亚里士多德人们只能够为了知识评价科学，然而通过保罗人们却可以完全发自内心地吐露信念：爱基督胜于知晓一切。毫无疑问，比起亚里士多德，苏格拉底更倾向于保罗的思想。

我的论述针对的是那种锋芒毕露的、狂妄的科学，而非由在一切真理中起主导作用的精神指引的科学。对前一种科学而言，超世界的上帝之灵魂的人格性、自由、启示并不重要，相反
它遵循世界、全体、或者全体中的个别的力。因为人的创造和 312
制作皆受限于某物，所以人们似乎一旦以正确的方式行事，即可通过自然的某物达成所愿。从此刻起，这便只是单纯的幻觉。知性的因果性原则不会超出自然以及有限事物的总括。甚至依据因果性法则，人们发现不可能存在有限之物的总括，脱离超自然者概念的自然概念是一个虚构概念。因此如果要超出有限之物，就必然要超出作为有限之物法则的因果性法则，该法则不允许行动开启自身。行动本身如何开始对于不断延续、预设的知性来说是不可理解的。实际上知性并不预设第一存在者，只不过对于知性而言总是会有某物、会有这个或那个东西被预设。如果知性为诸条件不确定的序列设定了终点，并且称其为开端或者全体性，那么这个虚构的开端可以被称为上帝吗？一种多么贫乏的（使神）人格化论啊！我们所有的泛神论者对其

都怀有偏见。不同族群的人始终可以觉知上帝，他们的反思则继续寻求上帝！寻找上帝，他们在寻找什么呢？他们在寻找在探求与宇宙不同、超越于宇宙之上且独立于宇宙的世界原因。上帝的脸转向谁，谁就能瞥见上帝；避开谁，谁就否认上帝，而且必然否认上帝。

那么，斯宾诺莎便是这种情况。他的宇宙今天、昨天、永远都是同一个宇宙。这个几乎毫无意义的宇宙为自身披上了本质的蓝色雾霭，这些本质并不存在，其中的每一部分乃至它们的全体都只是变化无常的虚无。对此人们能够说，斯宾诺莎主义不仅没有否认上帝的存在，而且没有否认现实的、真正的世界的存在，正如后来每一个归于此类的体系所言说的那样。但是从根本上来说这只是语言游戏罢了。从当下现实世界的存在出发，终究要继续追问：在世界之外、之上是否还有另外一个存在者，抑或世界本身在其总体中就是一切，而且在其之外无物存在。关于无条件者的、不确定的整体的预设与关于上帝的预设完全不是一回事，我们绝不可能以相同的道路抵达彼此。在两者之间有一个由理性提出的真正的问题：是否只存在一种自动的自然，它无意志地从怀里孕育出无开端无终点的无限的现象，或者是否在自然之上、在自然之外存在凭借智慧和意志的创造，而非单纯的繁殖力，正如康德恰当区分的那样。自然迷惑了皮浪主义者，理
313 性迷惑了教条主义者。在此帕斯卡尔将自然理解为感觉与情感，将理性理解为思维的知性。

相反，理性作为对上帝的知觉和预设认知人心中的最高者。如果人们想要超出这位存在者，就会陷入逻辑的流溢说，即将一

切事物化为虚无的虚无。有关诸神源于世界或者世界源于诸神的古老的异教学说因为流溢与犹太哲学的流溢说如出一辙，而基督教教授的内容则截然不同。

于我而言这一切清晰明了，而且斯宾诺莎主义就是无神论。不论跻身哲学家之列的人多么憎恨这个词，多么想从语言中将之驱离，同时还提醒说：无神论者首先是信仰无神论的人——这个词都不会失去它的意义。尽管人们可以改变名称，谈论宇宙有神论，但是万变不离其宗。

因此，如果人们认为这种科学的目的指向“无上帝存在”，那么我的《论斯宾诺莎的学说》便不是为了通过另一个体系排斥这一体系，相反是为了阐释斯宾诺莎主义知性的逻辑运用层
面的不可克服性，以及人们如何完全合乎逻辑地行事。这绝不自 314
相矛盾。如果我还拥有另一种哲学信念，那么这仍然与阐述的事实相符，即为何莱辛是一名斯宾诺莎主义者，而我不是。就此争论开始。人们不愿承认我的方式是非斯宾诺莎主义的，并对这一方式断言道：它显然是盲目的信仰，而非哲学，因此我的哲学要么是斯宾诺莎主义，要么我根本没有哲学，因此我不应对这一切科学中的最尊贵者发表意见。我的内在信念是：直接的精神意识、上帝意识是我的哲学基础，也必然是每一种高于单纯的自然科学、知性科学以及单纯的物理学、逻辑学的哲学的基石和原则，据此我认为上面所说的并不是一目了然的。之后我的所有哲学著作都将阐明，在研究中抛弃可预见的上帝的哲学家必然会遭遇无人真正探求或能够探求的虚无，而且无人能够敬爱这居于一切之上的虚无，若是它在纯粹真理的终点向人们揭示自身。

我相信,如果我的信念能够获得完备的发展,那么我将在无偏见的思想家那里获得赞同,此外其他哲学家诸如康德与马勒伯朗士也会做出完全类似的判断。

但是领悟上帝必然要以情感和直观为起点,根本不存在单纯的思辨之路。思辨只能附加,而且依照其自身的特性只能表明如若缺少启示,思辨自为地是空洞的。它只能证实,但不能奠定。因为它通过自身只能达至无精神的必然性和实体,所以只有通过跳跃(我称之为致命一跃)才能超越于这二者之上;而无精神的必然性与实体坚定有力地从它之中产生,由此恰好成为助我腾飞的羽翼。精神全力反对以下判断:无精神的实体即是一
315 切,在它之外皆为虚无。如果不对这一判断果断裁决,就会遗留各种各样杂乱无章的东西,从而交织出漫无止境的幻影。甚至斯宾诺莎也出现了疏漏,因为除广延之外他还将其它无限的实在、完满归于他的最高存在者。

为了防止哲学失去上帝,我已经多次指出沿着知性的轨迹贸然行进不可避免将导致这种后果。因为在人心中理性的出现明显滞后,对人而言理性似乎只是从自在盲目的无意识的自然之中、从与天命天意的对立之中发展而来。尽管如此,对自然的崇拜实际上仍是无思想。谁以自然为出发点,以之为开端,谁就不能发现上帝,上帝要么是原初者,要么什么都不是。现在如果我的哲学着墨于此,揭示一条更好的道路,并且依照某些人的证明创造一个永恒的时代,那么其科学价值恰恰存在于此。对逻辑狂热的科学不可能愿意支持我的哲学。

“不论可否言说,竭力认清人性的本来面目”是它的目的。

它必然以灵魂的、超出并且高于事物一切本性的原始启示为开端,这些事物让人误以为自身处在健康的状态中,已经重获其在知性中失去的光。他四周被幽暗环绕,即使发展理性,也未将这幽暗驱散;但是他凭借理性洞察到合乎理性的生命力,这种生命力不会被幽暗笼罩,如同天文学家凭借武装的双眼在幽暗的银河中凝望无数星辰。“认识你自己”,依照德尔斐的神和苏格拉底所言是最高命令,一旦被实践,人们便将发现若无属神的你,便无属人的我,反之亦然。 316

这种透过雾霭与幽暗的洞察是信仰的权能,信仰是理性的原始之光,真正的理性主义承认这光将归属于它。若抛弃本源的信仰,一切科学将变得贫乏、空洞,尽管发展迅猛,但不做议论和回应。信仰是人们对不可见之物的坚信不疑。我们无法看见绝对者,但我们信仰绝对者。我们看见非绝对的东西、有条件的东西,我们称这种看见为认知。科学支配这一领域。我们对不可见之物的信心比对可见之物的信心更加坚定有力。如若后者反对前者,我们便称对知识的信心为一种妄想,或者如果人们将感官与理性理解为科学能力,信仰便将屈从于它们。真正的科学是由自身和上帝产生的精神。正如我确信我关于真、美、善的情感的客观性,确信统治自然的自由,我也确信上帝的存在;一旦这些情感减弱,我对上帝的信仰也就减弱了。

因此,无知的科学在于认识到人的一切认知终究是不完善的,而且必然是不完善的,是有学识的无知。凭借理性,启示成为我们一部分,只有对其拥有信念才能让我们向上超越这种不完善。信仰不像科学那样属于每一个人,就是说信仰不会传达给每一个想要全力投身其中的人。理性赞同知性否定的东西。对此知性予以否认，若是万有对它而言并未陷入无精神的必然性之中。因此，要么虚无，要么上帝。知性如果没有完全背离理性，
317 便将拥有关于上帝的无知之知。

然而，我将陷入某种困境当中，若是在学院公正的法庭面前，我用作为我哲学基础的自由学说回答如下问题：通过接纳违背知性的自由以及于我而言真正现实的、纯粹的自由，我究竟在设想些什么。我应该言说出来，清晰地指出其中将产生同样的表象。现在我回应道：我在其中设想，因此也必然在内心最深处设想那必然要预设的东西，如果我回答说我因为一些作品或行为而尊重、关注、爱慕、敬佩某人，那么法庭必然会判其无效，并且宣称情感根本不能作为根据。对此我无可奈何，但是以下内容仍然需要确定。

如果理性只能在人格中存在，那么世界就应该拥有理性的发动者，万有的推动者，统治者，那么这个存在者必然是人格性的存在者。这样一个存在者只有通过人的理性和人格性的形象才能表象自身，而我确认的居于人内心中的最高属性：爱、自我意识、知性、自由意志则必然被赋予他。否定人格性的上帝，我们似乎仍然能理解世道常情，可一旦经过深刻反思，便会发觉并非如此。必须确立两个观点之一为权威和指令——宗教信仰的情感则将履行这一指令。一切信仰皆在这种宗教情感中生成，在其中熄灭、消失。随后丑恶的迷信与诉诸恶而非善的权能的妄想便可能取代真正的信仰。

318 要进一步追问的是道德更多地孕育了信仰，抑或相反？我

认为信仰具有无条件的优先性；宗教情感是人性的基础。我们不必人格性地展现即精神化那些本应走入我们内心的东西吗？很少有人衡量自己因信仰人格性的上帝而失去的一切。如果道德的原始存在者作为欲求善并创造善的道德的存在者（即人格性的存在者）消失不见，那么我们的道德信念便将彻底沉沦。

正如按照祆教学说，不洁净动物中的邪恶因素比善神中的洁净之物更强劲有力，同样人的内心对尘世的冲动比对天国的冲动更加强烈。如果后者仍能经常压制前者，那么原因在于某种隐藏的力。这种力在哪里显现，自由就在哪里启示，反抗泰坦以及雌雄同体动物（正如那些在大洪水中丧生的）的上帝子民就在哪里存在。路德有言："那一切我们既不能眼见也不能理解的事物存在于信仰之中。谁想要这些事物可见、可显现、可理解，谁就拥有了可以实现这一切的内心。愿主使你与他人的信仰提升。"①

如果有人忖度雅典乃至整个希腊的境况，设想他生活在苏格拉底的时代，那么他必定会将苏格拉底视为信仰的模范，因为苏格拉底仍然相信内心向他倾诉的声音：上帝仍存！

凭借对不可见之物的内在信仰的力，历史中人类反抗关于可见之物的肤浅见解的不懈斗争、上帝的子民反抗泰坦的斗争愈演愈烈。光的哲学反抗夜的哲学，神的人格化论反抗泛神论，
真正的理性主义反抗知性倒置的影像，基督教反抗异教。基督 319

① 《路德的智慧》，第三部分，第 2 节，第 410 页。——原注

教本质上是神的人格化，它只教导一种凭借智慧与意志创造世界的上帝；异教则是宇宙有神论（kosmotheistisch）。如果某种彻底转向神化自然从而转向异教的学说宣称：真正的基督教将被它带向光明，那么没有什么比这更愚蠢、更荒谬的了。子孙与民众的信仰比无信仰的单纯的哲学知识包含更高、更好的东西。信仰基督教意味着信仰他信仰的事物和他信仰的方式。

讲演的方式始终视情况而定。此外，我发表讲演依循某些动机，恰如我致门德尔松的第1封信不是为了广大读者或是教席而写，而是为了一个人而写，仅仅只为了这一个人。现在如果有些人认为我的精神彻底摒弃了方法，那么其谬误可能在于他们对精神过于苛求。如果存在这样一些动机，而我的著作可能是在因缘际会下才得以面世，那么讲演必然无法由始至终地依循动机成稿吗？一个人成为公共作家并非毫无缘由，我只是勉强地以相同的方式成了作家，尽管如此我还是尝试通过艰苦的努力，自青少年起便为我的思想和感觉雕砌文辞，以便最忠实、最生动
320 地保留前者，同时使行文酣畅淋漓，只能如此，只愿如此。[①]我的散文甚至受到对手的赞美，其中独特的内容皆可追溯于此，而且对彼得·拉米斯的指责，即他将辩论与哲学联系起来从而抵制教规，[②]虽然可能使我感到难过，但是还不至于令我不安。反之，如果我的著作流传后世，那么文章的诸特质恰恰将归功于此，所以在我的著作面前，我们这个时代的某些教员将会被钉在十字架

① 参见《阿尔维》的前言。——原注

② 滕尼曼：《哲学史》，第九卷，第426页。——原注

上，请自求多福。这些作品表明，学院无法从中获利，人性也无法从中获利。

然而，就像个别的人那样，人类通过知性或理性的运用，终将抵达我哲学的关键点。经过先前思想家的整合，科学的完满以最引人注目的方式在十六世纪重现，这意味着再度努力实现科学的完满仍然必要，而且我们这个时代也一再显露出这种迹象。现在但凡涉及从前的以及日后可能遇到的尝试，我都将借一切机会澄清这一关键点，并且揭示一种高于单纯科学真理的纯粹的真理；因此，比起他们特有的体系，我的敌人对内容与演讲的反感，更多的是基于一般的哲学体系，乃至时代的总精神。

恰恰因为如此，我的创作方式和技艺不论是其与众不同的诱因还是特点或许都具有世界史的意义，而且我的哲学或许也包含世界史的真理。现在的境况是，通过精神孕育精神，通过心灵孕育心灵，它们在荆棘中摘不到无花果，在蓟草中也采不到葡萄！

正如存在一个不可见的哲学教会有其价值，存在一个不可
见的基督教会——有信仰者的共同体——也不无裨益。可见的 321
哲学正如可见的教会那样希望训导知性，希望知性创造真理，手握真理，希望制造上帝。享受吧，你将像上帝一样存在。

我的哲学全力拥护不可见的教会。谁为之做有益的斗争，谁就在做最好的事，并影响一切时代的最高之物。对此，我受命捍卫哲学不可见的教会及其最内在的永恒精神，驳斥我同时代人各式各样交替更迭、粉饰外在之物的著述，就此而言我已经旗

开得胜,因为不同于创作生涯的初期,现在我已经跻身德国知名思想家之列,甚至一些对手对事物的判断也愈渐合理,因此我已心满意足。

主啊,现在请容许您的仆人安歇吧!

译后记

本书根据德文本Über die Lehre des Spinoza in Briefen an den Herrn Moses Mendelssohn（Felix Meiner-Verlag, Hamburg, 2000年版），同时参照乔治·笛·乔凡尼（Giovanni）的英译本*The Main Philosophical Writings and the Novel* Allwill（McGill-Queen's University Press, Montreal, 1994年版）译出。

2016年博士毕业后，我便开始着手翻译此书，由于雅可比文风飘逸，而我德语、汉语能力有限，多次想过放弃。幸遇洪汉鼎先生与关群德老师的鼎力支持，以及恩师赵林和苏德超的不断鞭策，方呈现此稿。其中序言与诗歌由合译者完成，文字的润色与校订则凝聚了我们共同的努力。在翻译的过程中，我为雅可比深刻的哲学思想震撼，也惊异于他极为灵动的洞察力。在阅读雅可比著作以前，我浸润在康德著作之中，思想以康德哲学为圭臬，没有想到还可以此种方式思考斯宾诺莎哲学、康德哲学，思维理性。相信此著作的出版会为反思启蒙哲学提供一定帮助。

此书的出版离不开诸多师友的帮助，同时也离不开前辈的智慧结晶。因为雅可比频繁引用其他哲学家的文作，译者参阅了贺麟、洪汉鼎先生有关斯宾诺莎哲学的译著；邓晓芒、李秋零关于康德哲学的译著；陈修斋、段德智关于莱布尼茨的译著；时永松、丰万俊先生关于布鲁诺的译著，在此深表谢意。

由于译者水平有限，译文定有不妥之处，深望读者指正批评。

刘伟冬

2022年6月于哈尔滨

图书在版编目(CIP)数据

论斯宾诺莎的学说:致门德尔松先生的书信/(德)雅可比著;刘伟冬,李红燕译. —北京:商务印书馆,2024
(汉译世界学术名著丛书:120年纪念版:珍藏本:增订本)
ISBN 978-7-100-23653-9

Ⅰ.①论… Ⅱ.①雅…②刘…③李… Ⅲ.①斯宾诺莎(Spinoza, Benoit de 1632-1677)—哲学思想—研究
Ⅳ.①B563.1

中国国家版本馆CIP数据核字(2024)第076567号

汉译世界学术名著丛书
(120年纪念版·珍藏本·增订本)
论斯宾诺莎的学说
——致门德尔松先生的书信
〔德〕雅可比 著
刘伟冬 李红燕 译

商务印书馆出版
(北京王府井大街36号 邮政编码100710)
商务印书馆发行
北京通州皇家印刷厂印刷
ISBN 978-7-100-23653-9

2024年5月第1版 开本 710×1000 1/16
2024年5月北京第1次印刷 印张 15
定价:82.00元